50 dibujos de animales marinos

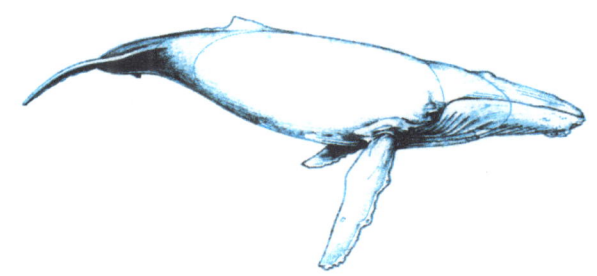

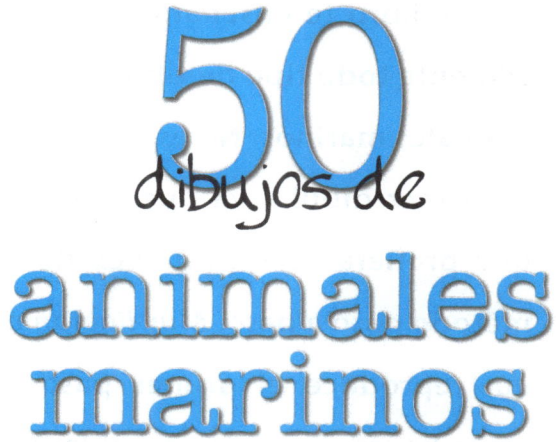

50 dibujos de animales marinos

**Aprende a dibujar paso a paso
tiburones, ballenas, delfines,
focas, orcas, etc.**

Lee J. Ames
Warren Budd

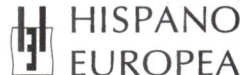

HISPANO
EUROPEA

Al lector

Este libro te enseñará el modo de dibujar fácilmente todo tipo de tiburones, ballenas y otros animales marinos. No es necesario comenzar por el primer dibujo, ya que puedes elegir el tema que prefieras para, una vez decidido, seguir el método paso a paso. *Muy ligeramente y con cuidado*, reproduce el primer paso. Con el mismo trazo ligero y con sumo cuidado, pasa al segundo paso, y después al tercero y los siguientes.

Quizá te parezca extraño que se te pida que prestes tanta atención cuando dibujes los primeros pasos, aparentemente tan sencillos, pero la razón de nuestra insistencia es que un error en esta fase puede arruinar el conjunto del dibujo.

No estudies solamente los trazos, sino también los espacios entre ellos. Aprovecha los primeros pasos para llenar estéticamente tu página, con el fin de que tu dibujo no sea demasiado grande ni demasiado pequeño.

Es útil colocar tu dibujo delante de un espejo de vez en cuando. Frecuentemente esa imagen revela distorsiones, que de otro modo no podrías observar.

Te darás cuenta de que los añadidos en cada nuevo paso son de trazo más intenso, a fin de que puedas seguirlos más fácilmente. Pero continúa dibujando muy suavemente. La goma de borrar te servirá para eliminar un trazo de lápiz demasiado acentuado.

Cuando hayas terminado el dibujo, y te hayas asegurado de que todo está a tu gusto, puedes repasarlo intensamente con el lápiz o, si lo prefieres, con tinta (aplicada con un pincel fino o una pluma) o también con bolígrafo. Cuando esté bien seco, puedes borrar los trazos de lápiz.

Quizás al principio encuentres difícil dibujar rectángulos, triángulos o círculos básicos, o simplemente colocar el trazo donde deseas. No te desanimes. Cuanto más practiques, más desarrollarás el control de tu mano. Al principio también puedes utilizar un compás o una regla.

Recuerda que hay otros métodos para dibujar. Esta obra te enseña uno, pero ¿por qué no buscas otros métodos y otras maneras para realizar tus dibujos?

Lee J. Ames

Al lector

A los educadores

El dibujo, como cualquier otro arte, exige práctica y disciplina. Eso no quiere decir que no obtengas recompensas en cada etapa.

"¡Pedro sabe dibujar las focas mejor que nadie!" Se trata sin duda de un elogio estimulante. Los métodos contemporáneos de enseñanza de las técnicas artísticas (libertad de expresión, experimentación y autoevaluación de competencias y madurez) permiten un enfoque interesante que deberíamos apreciar.

Sin embargo, las ideas nuevas no deben excluir totalmente a las ya comprobadas. Una de ellas es el "Sígueme paso a paso". En mi juventud, este método era tan corriente y tan frecuentemente exclusivo, que el estudiante era meramente una extensión pantográfica de su profesor. No obstante, se aplicó de manera exagerada.

Esto no significa que una mano joven no deba ser guiada nunca. Al contrario, la guía específica es fundamental. El método paso a paso que produce resultados satisfactorios es precioso, aunque los medios para llevarlo a cabo no sean comprendidos completamente por el alumno.

Al músico aprendiz se le enseña frecuentemente a tocar en seguida melodías muy sencillas con su instrumento, antes de aprender la teoría elemental de la música. La autosatisfacción y el orgullo consiguientes pueden ser medios importantes para fomentar la motivación. Y todo ello por imitación del maestro, con el lema de "Haz como yo..."

La imitación es indispensable para el desarrollo de la creatividad. Aprendemos a utilizar nuestros utensilios por imitación y, una vez adquirida maestría, podemos ser creativos. A este efecto, ofrezco al futuro artista la posibilidad de memorizar o de imitar la "fabricación de dibujos", de ilustraciones que, más de una vez, ha soñado que podría realizar.

Todos aquéllos que desean progresar deberían utilizar esta obra hasta el punto de que un amigo pudiera decir: "Pedro sabe dibujar las focas mejor que nadie".

Lee J. Ames

A los educadores

Indice

Tiburones

Cetáceos

Otros animales marinos

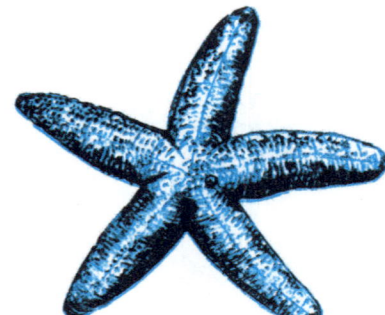

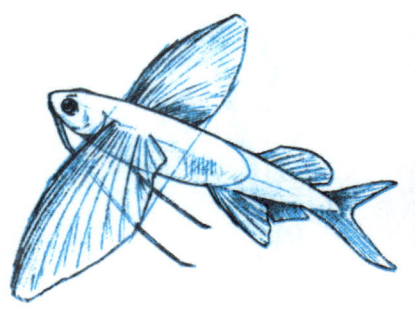

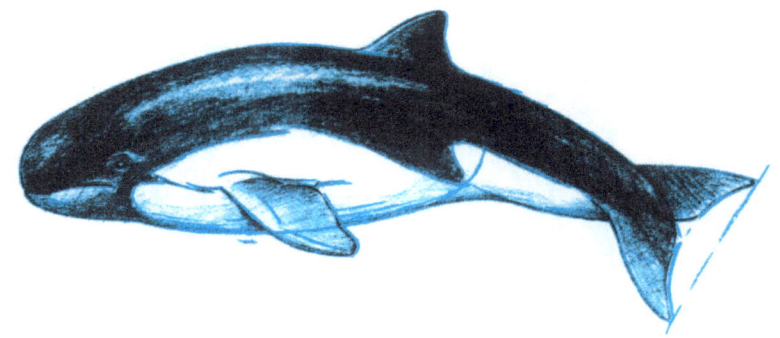

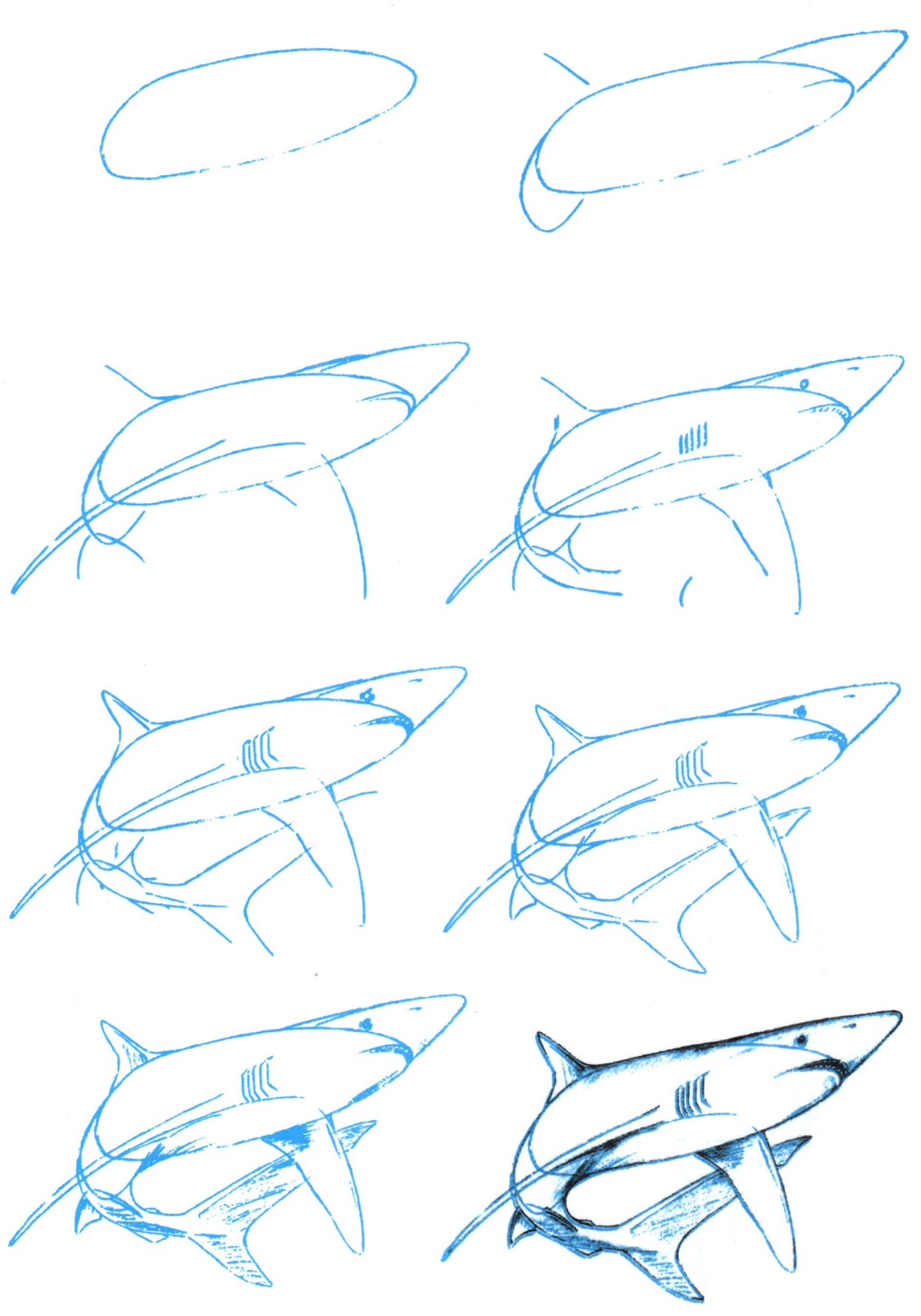

11 Tiburón azul o tintorera

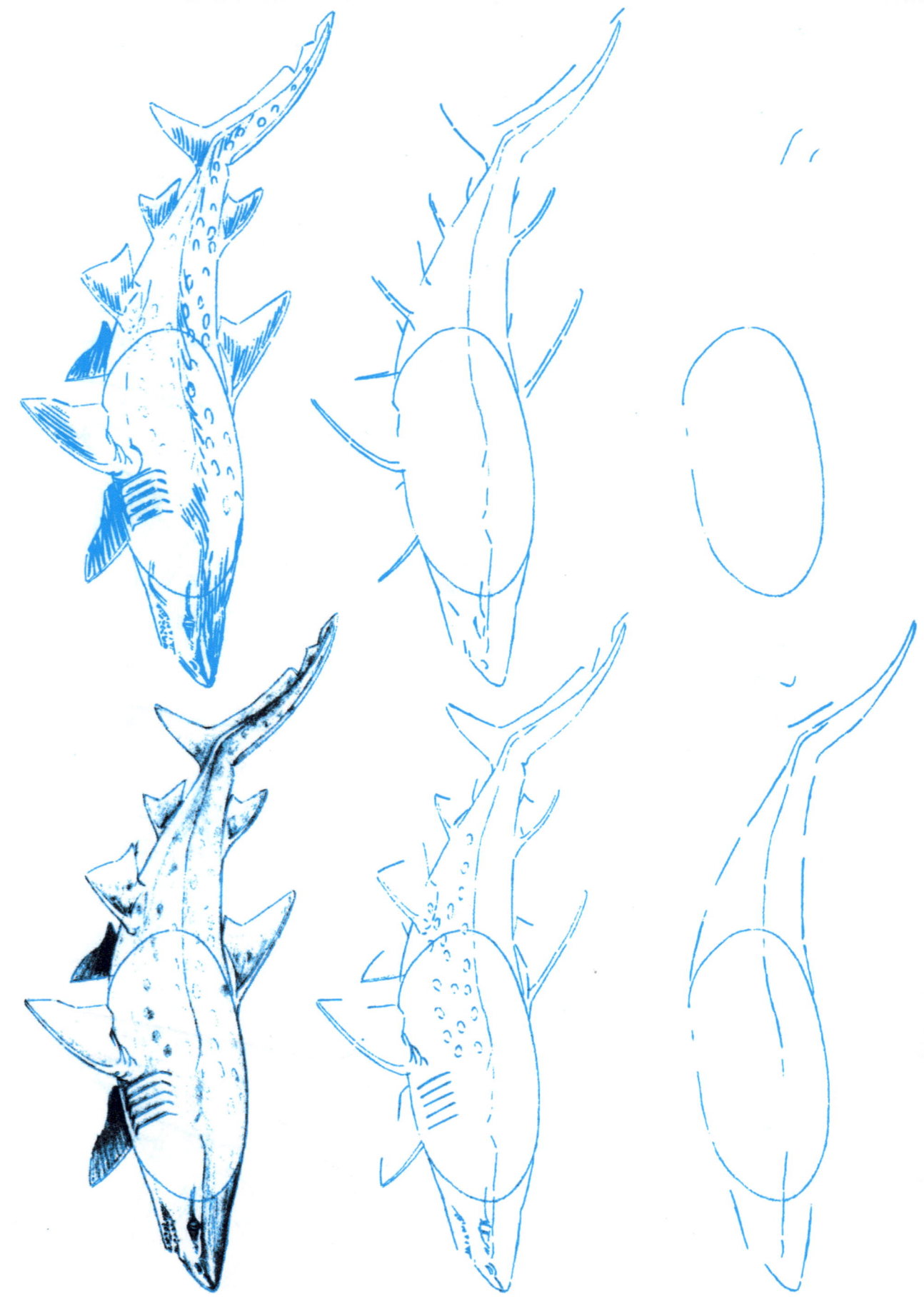

12 Tiburón nodriza gris

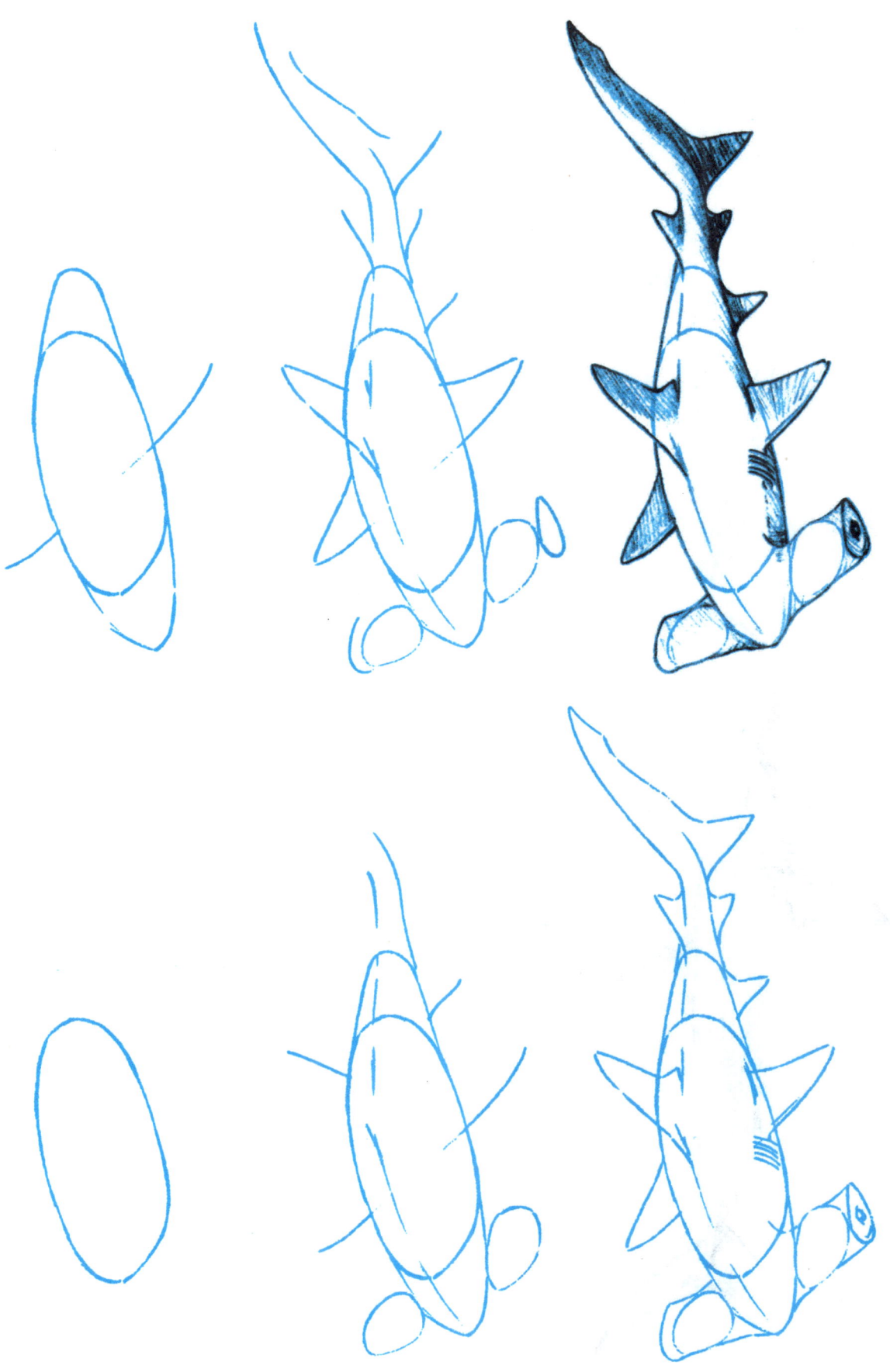

13 Tiburón martillo

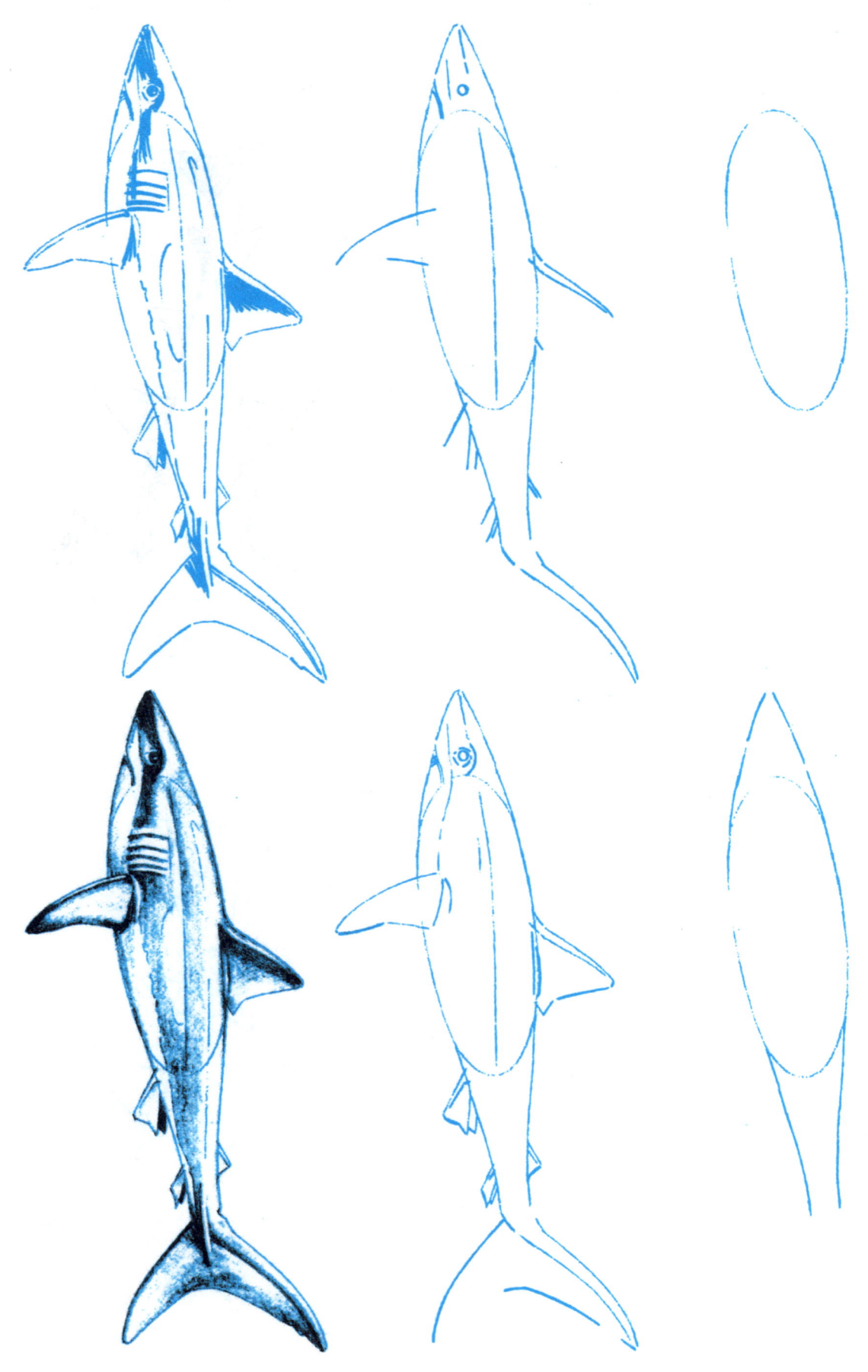

14 Tiburón mako o marrajo

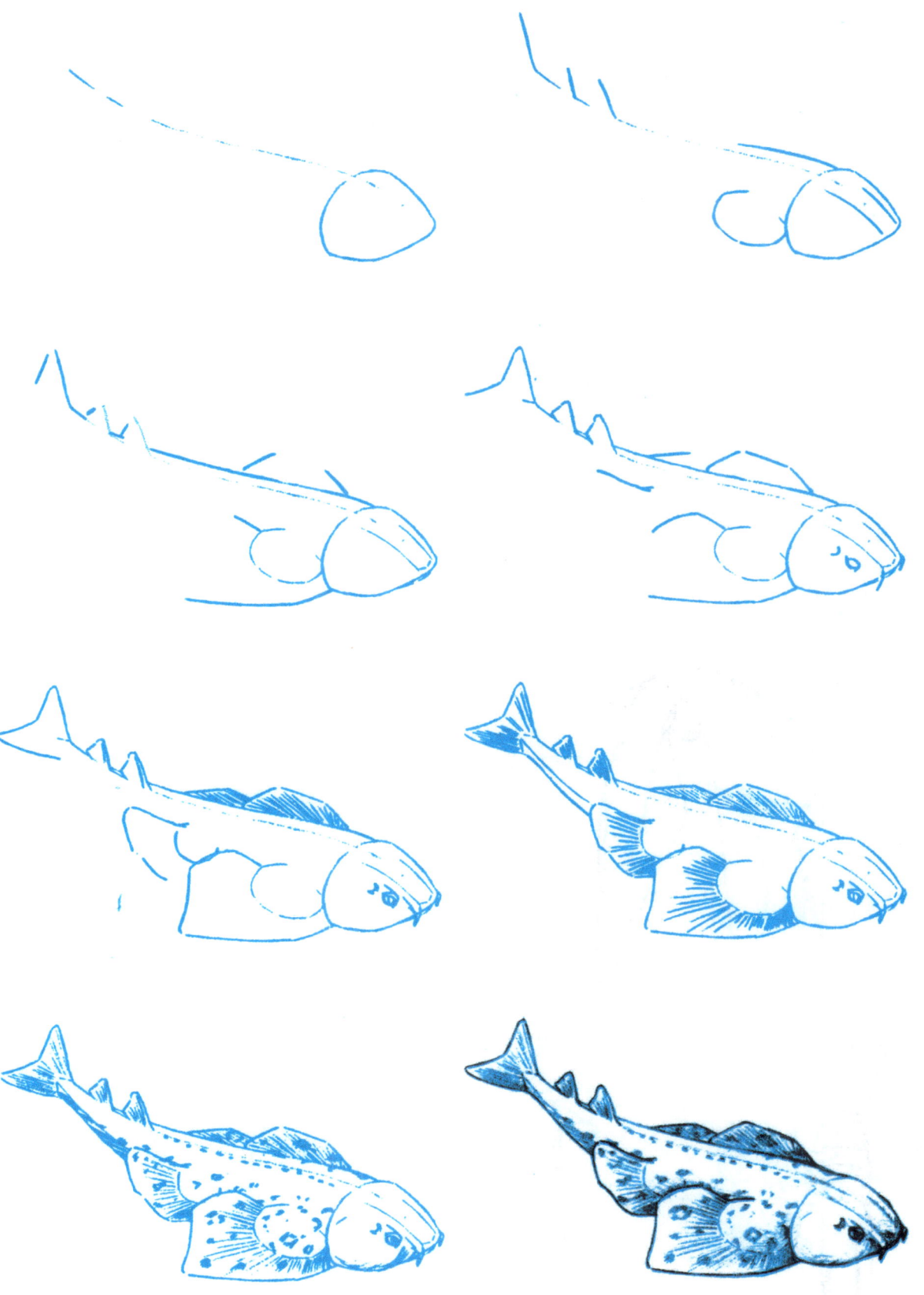

15 Angelote

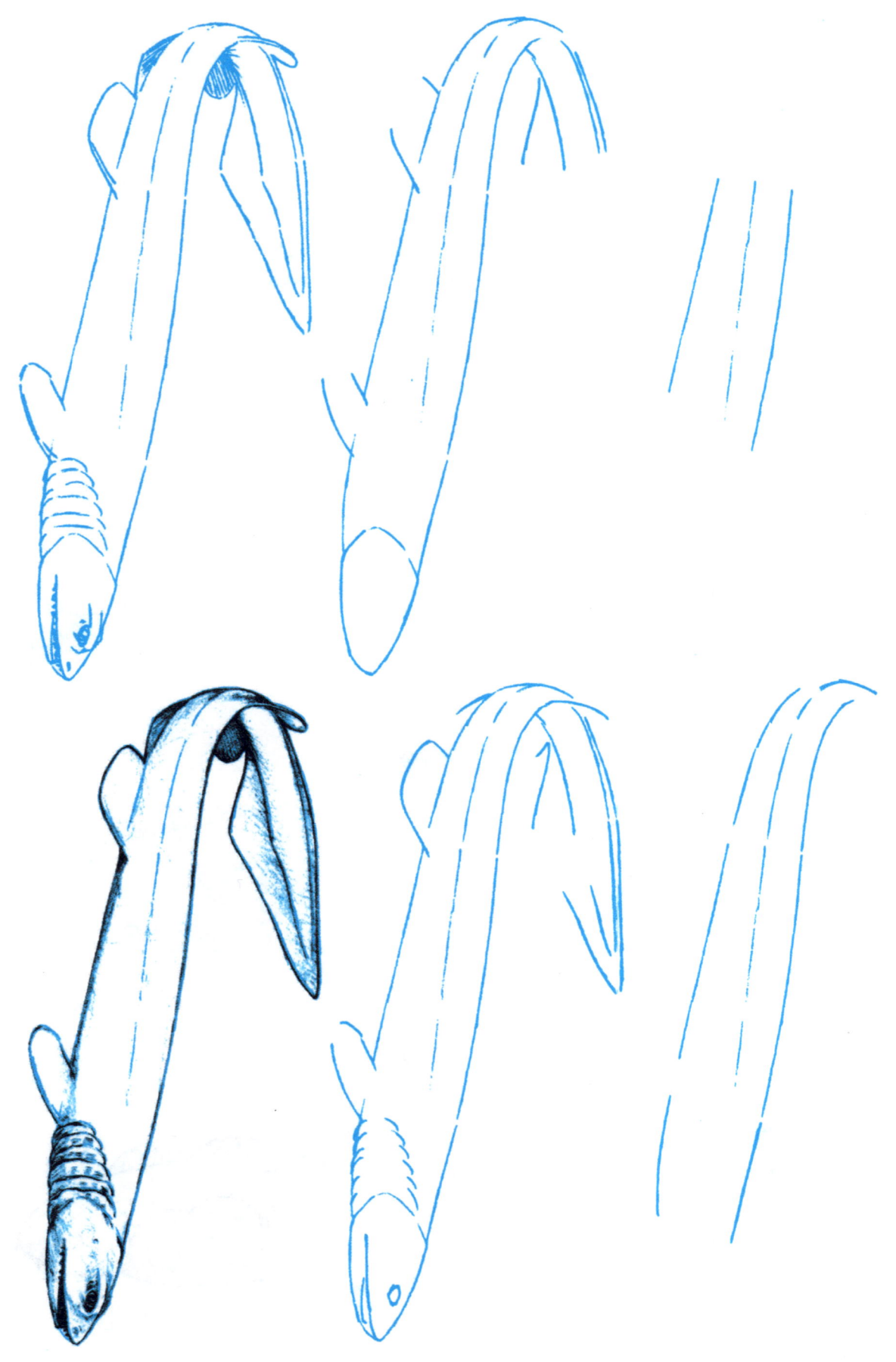

16 Tiburón anguila

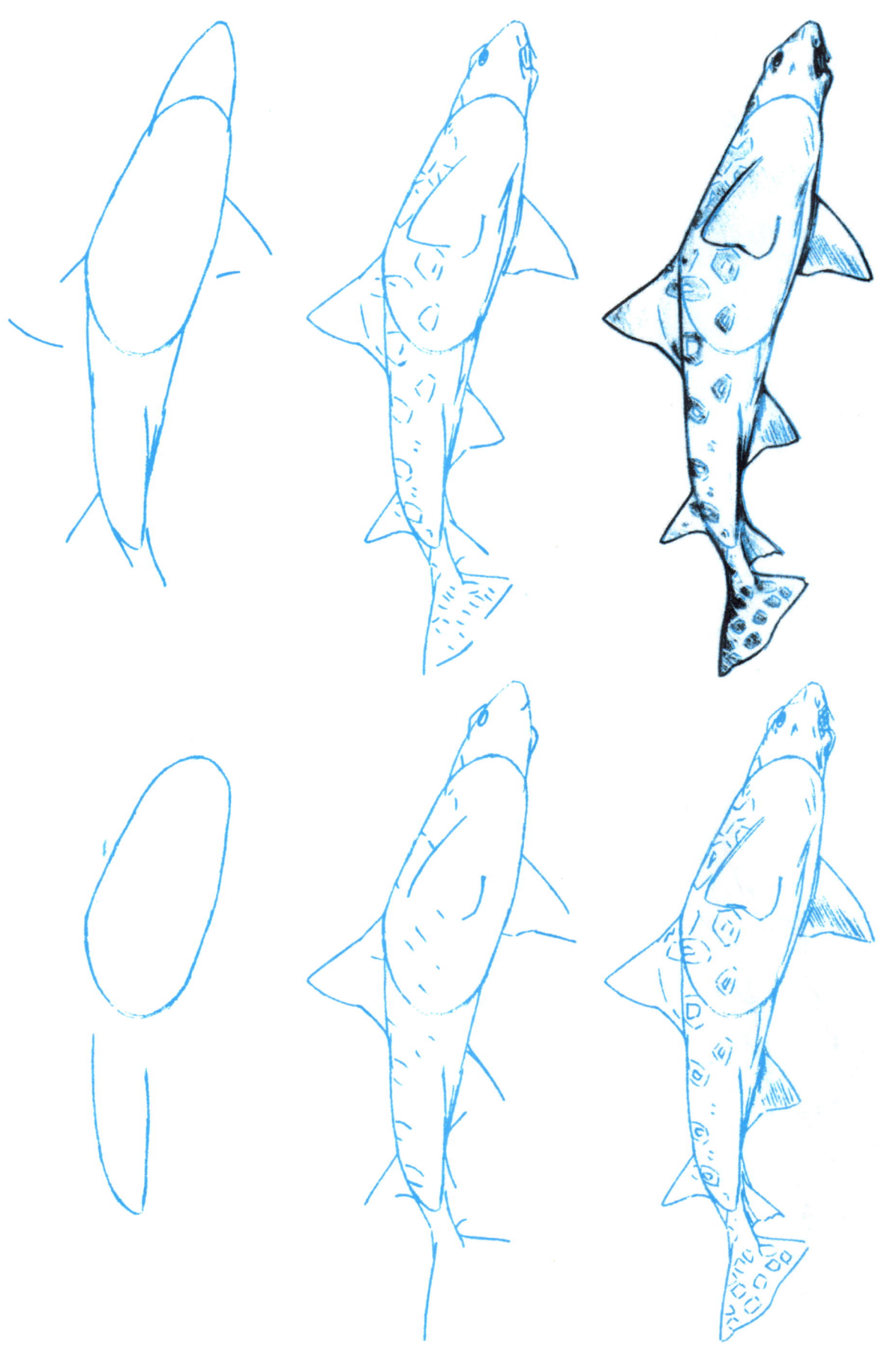

17 Tiburón leopardo

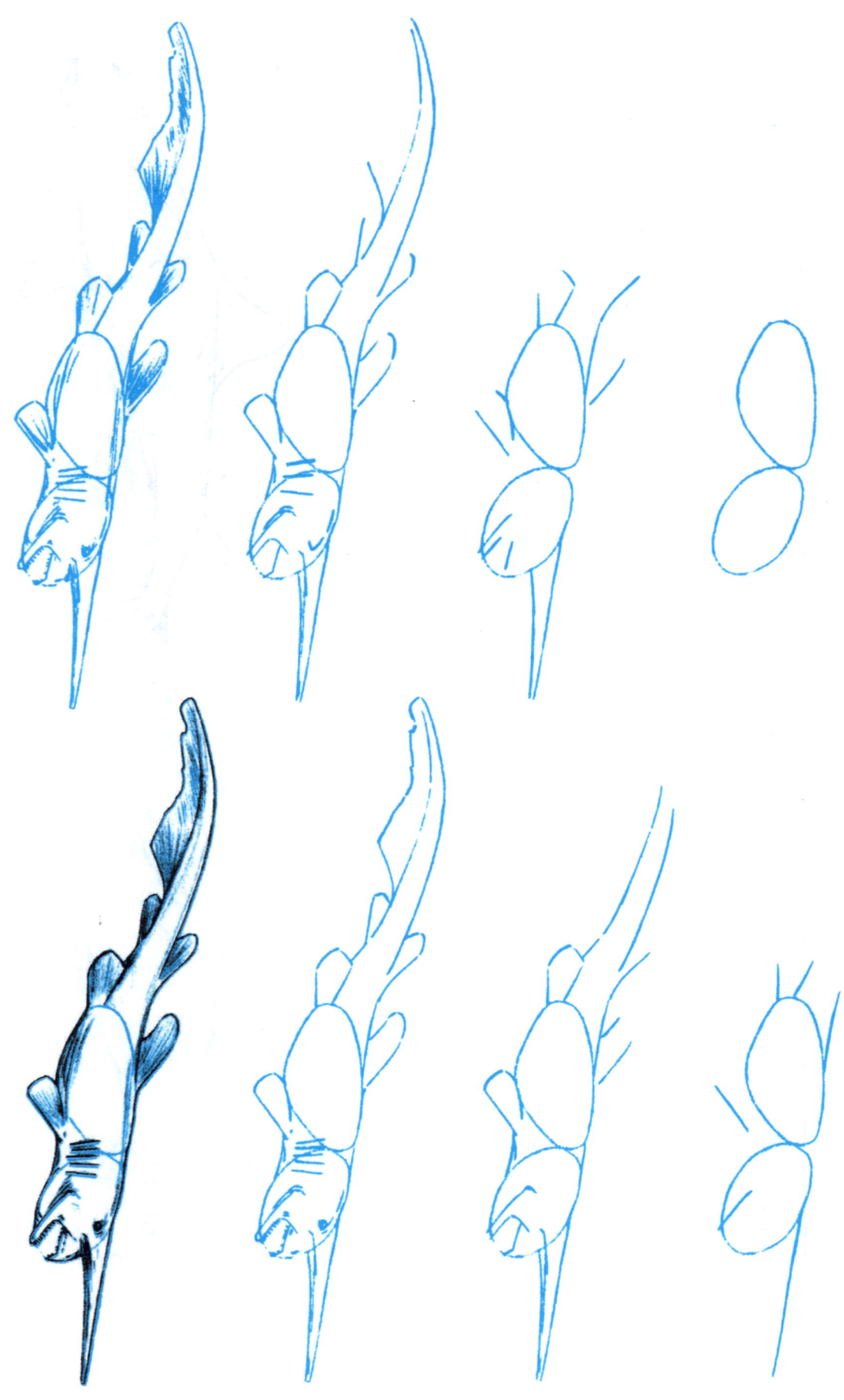

18 Tiburón pelágico
Vive en aguas profundas

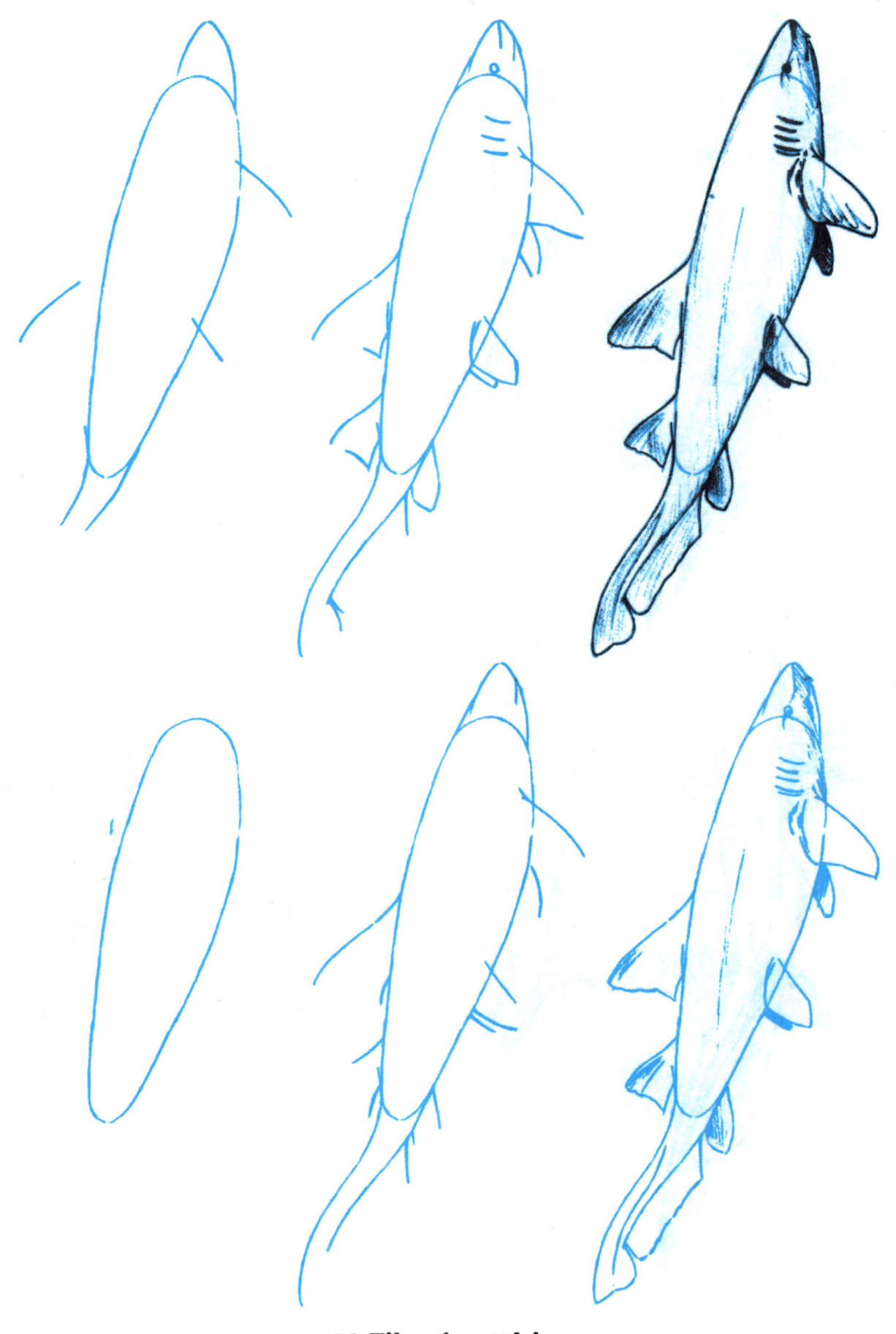

19 Tiburón nodriza

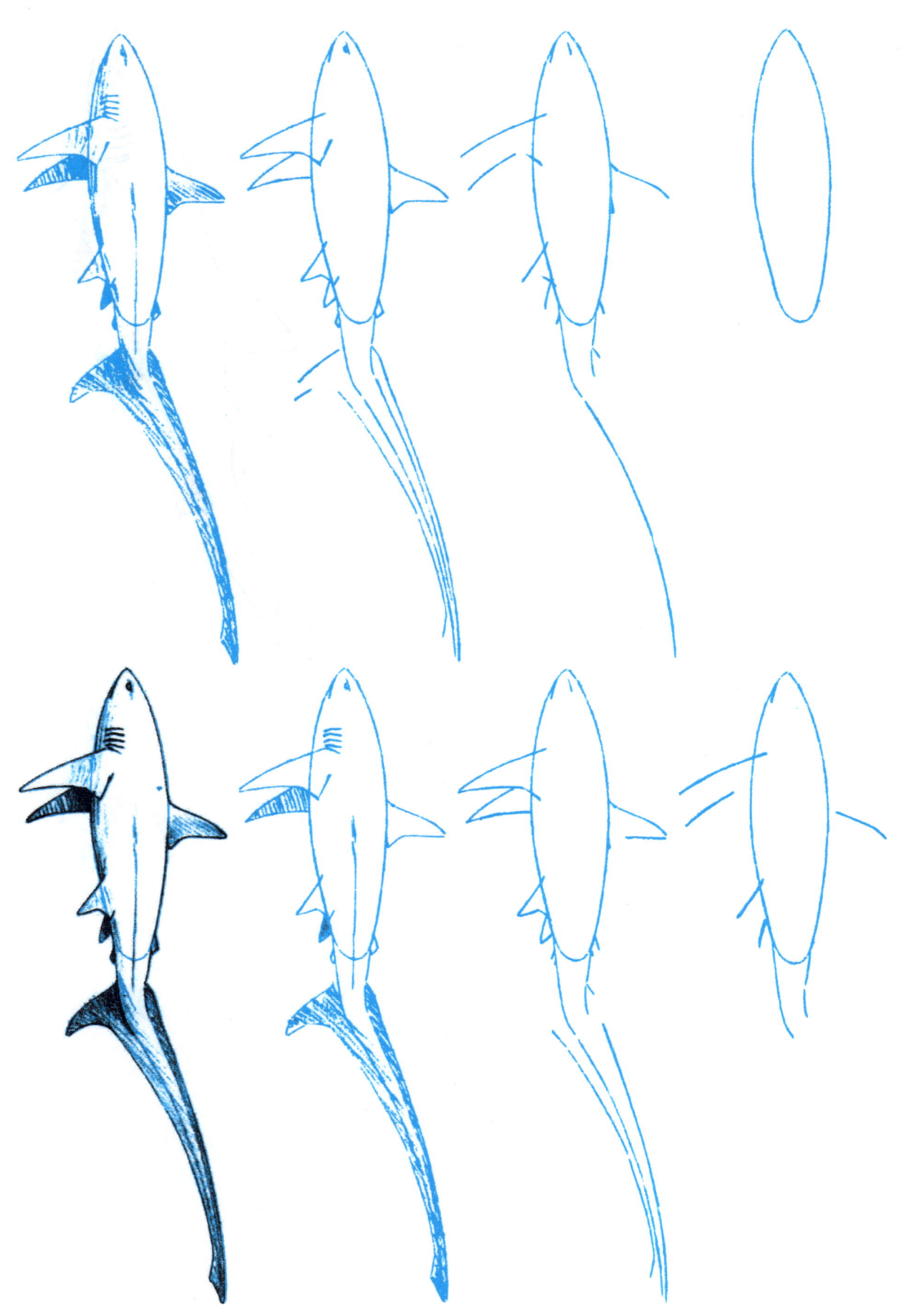

20 Tiburón zorro

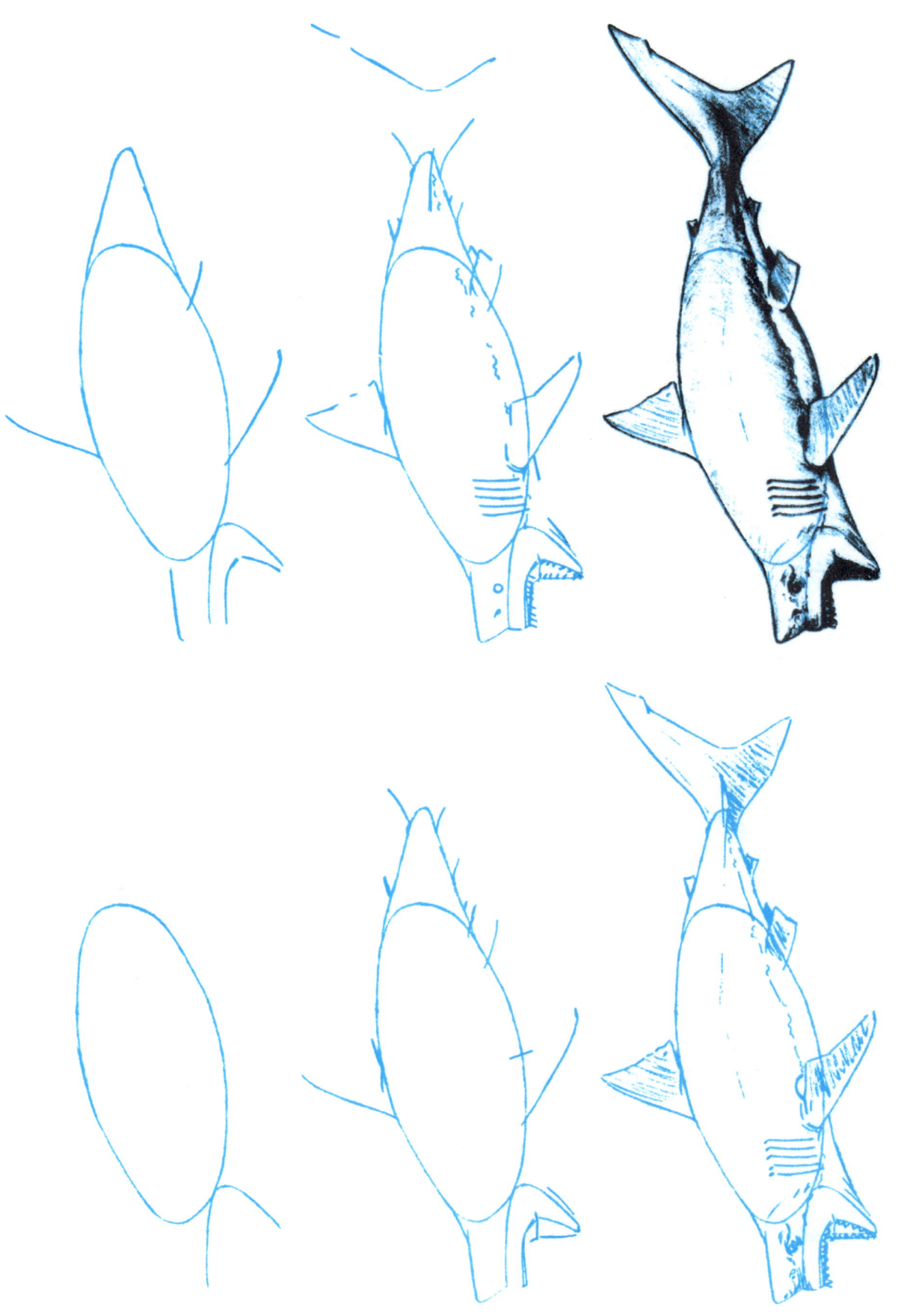

21 Gran tiburón blanco

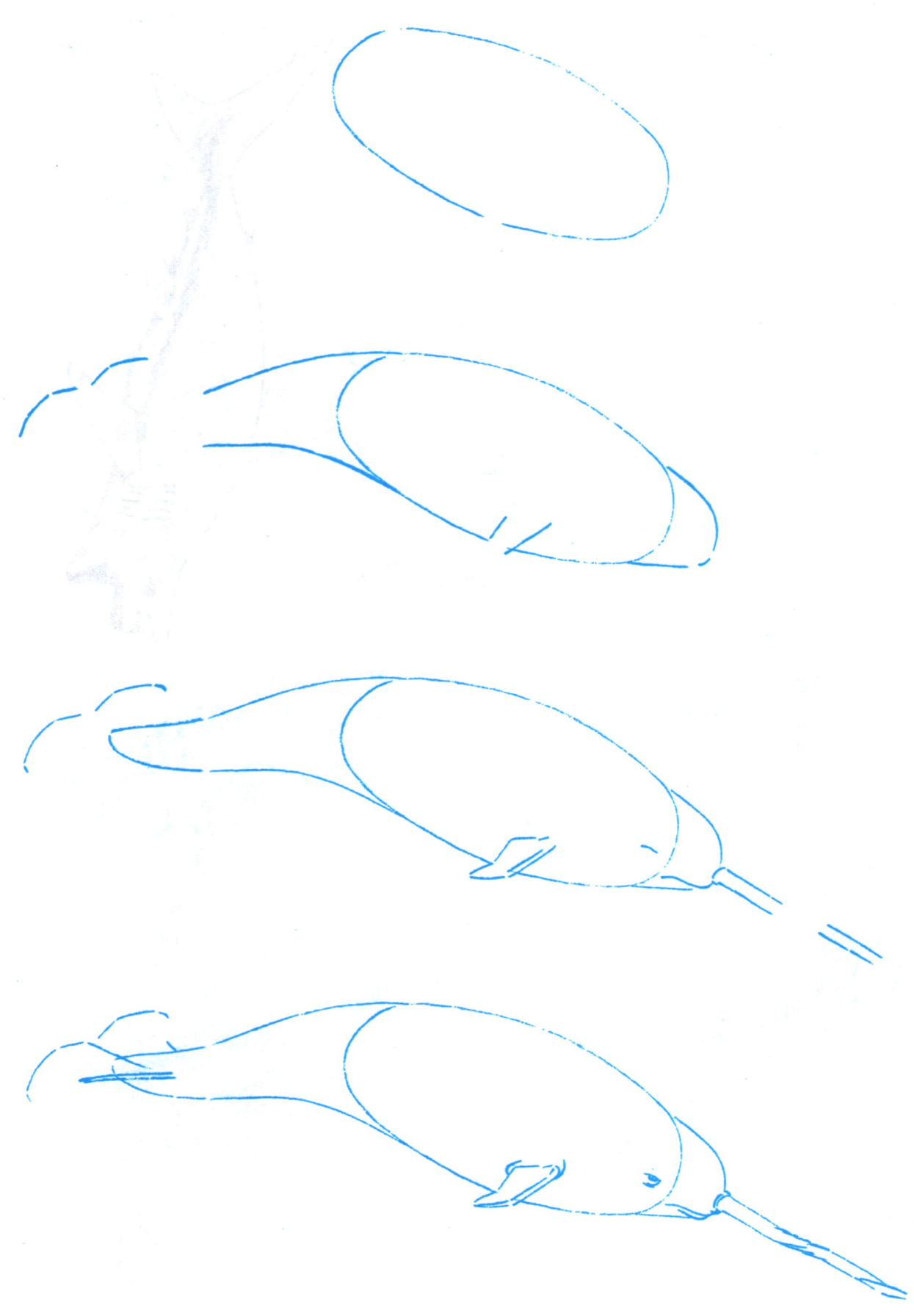

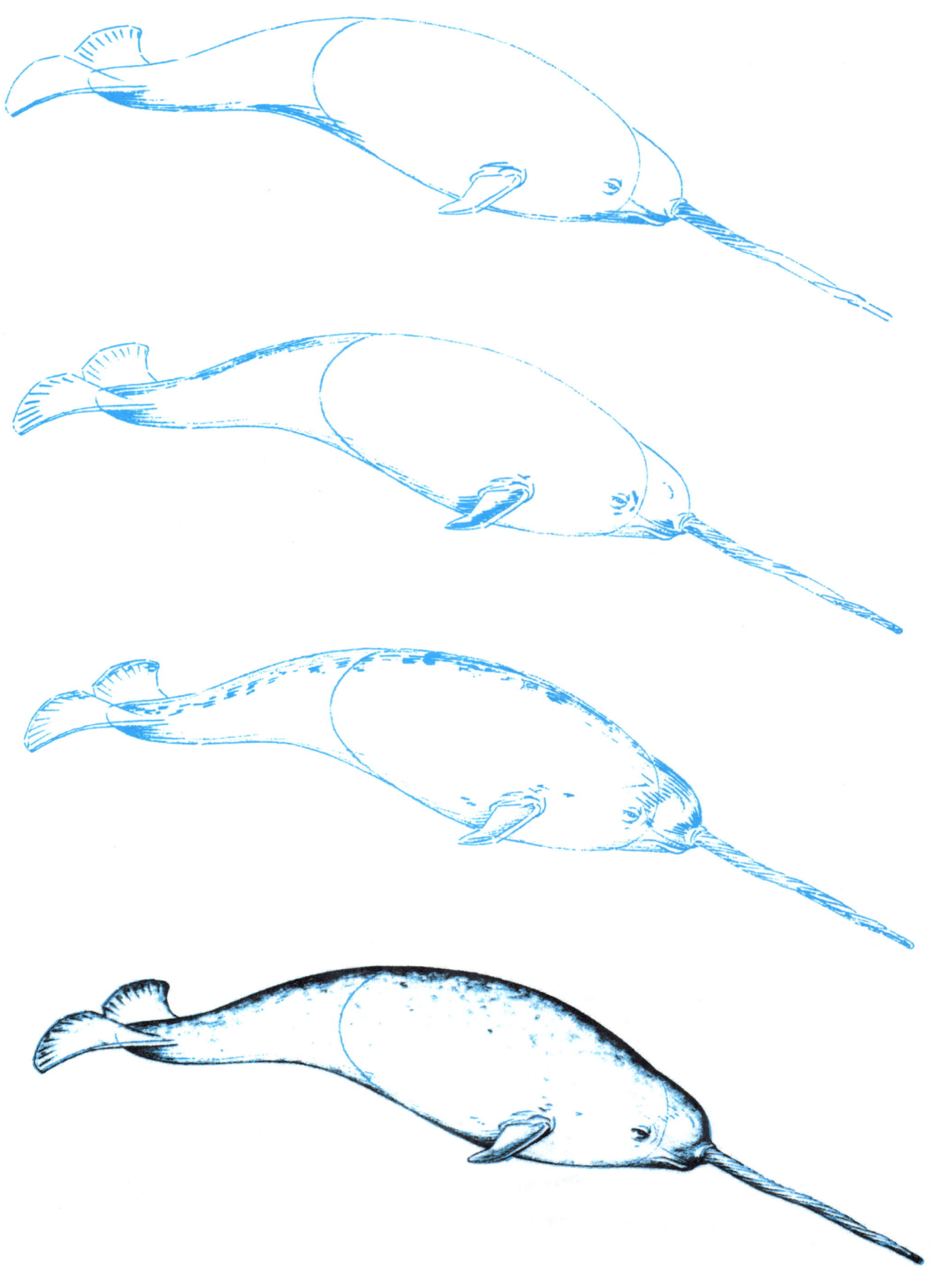

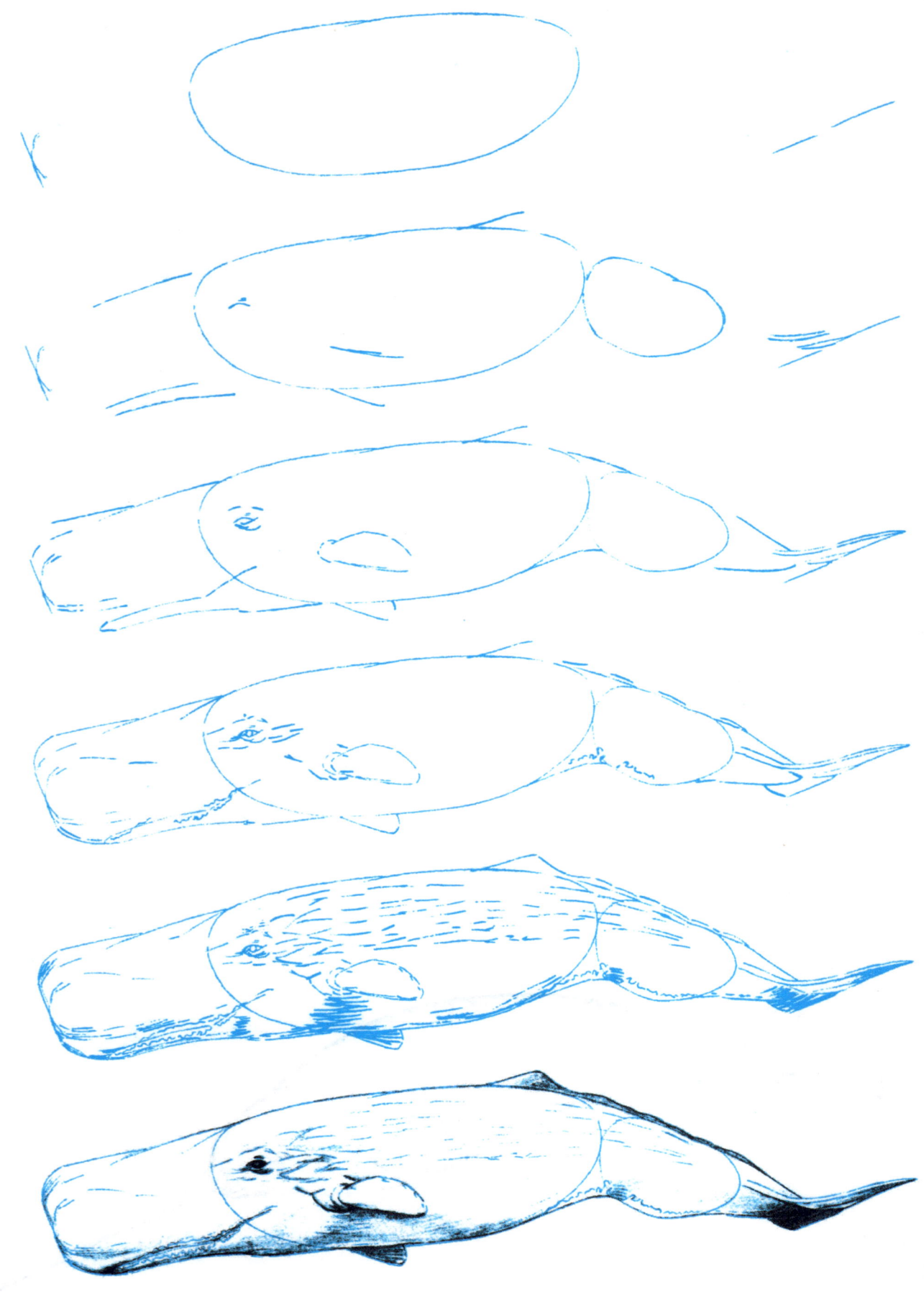

24 Cachalote

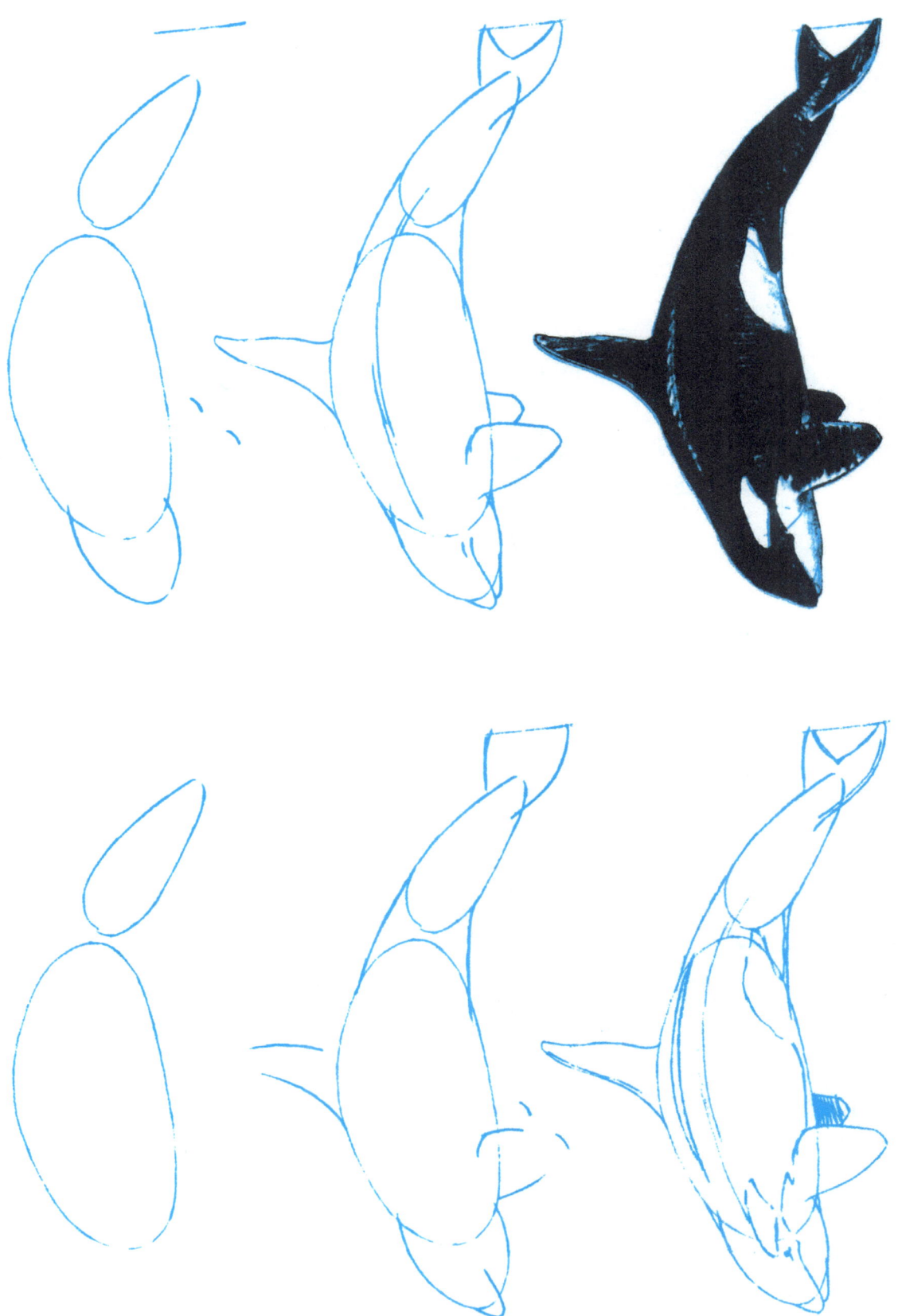

25 Orca

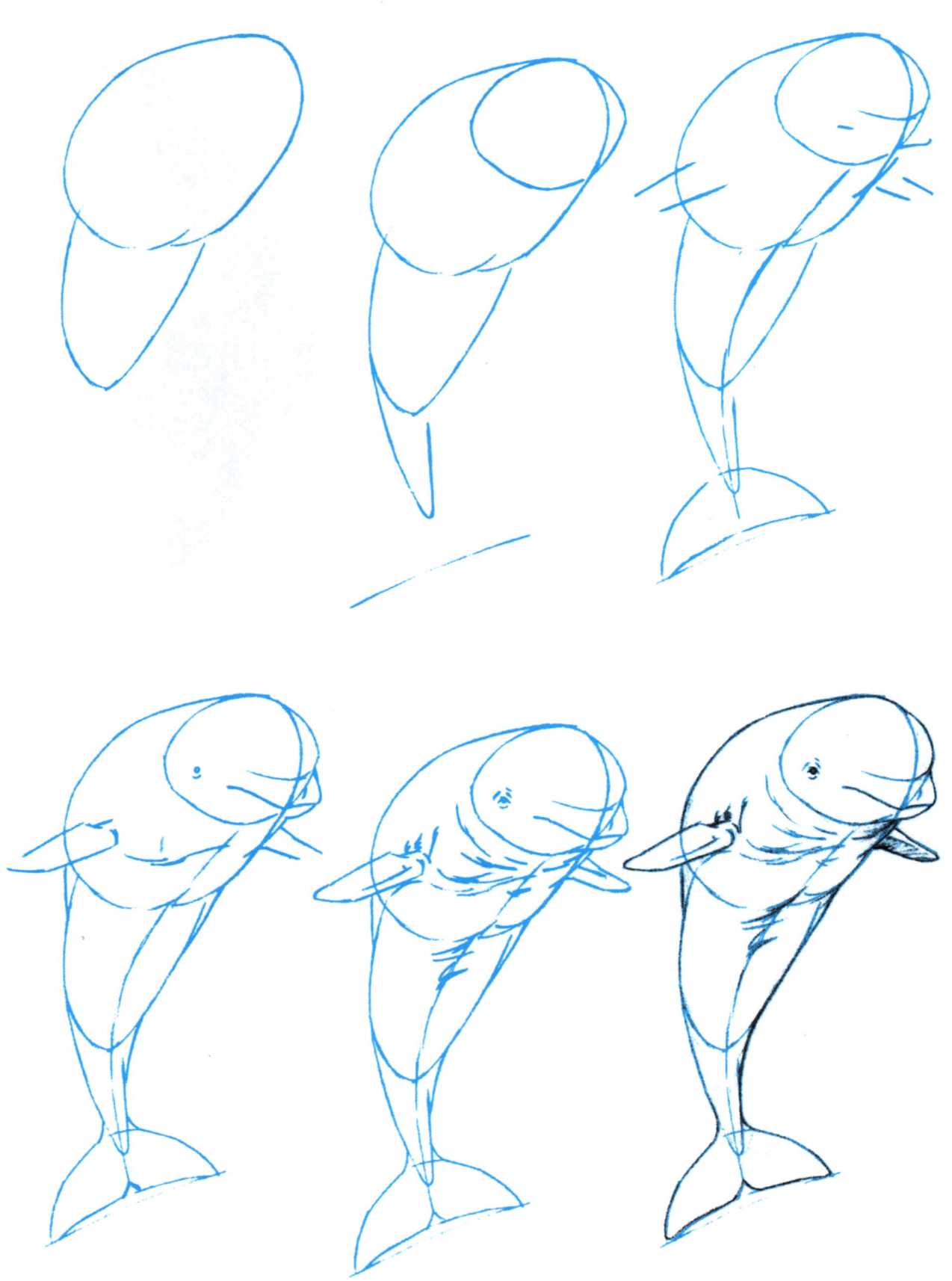

26 Ballena blanca o beluga

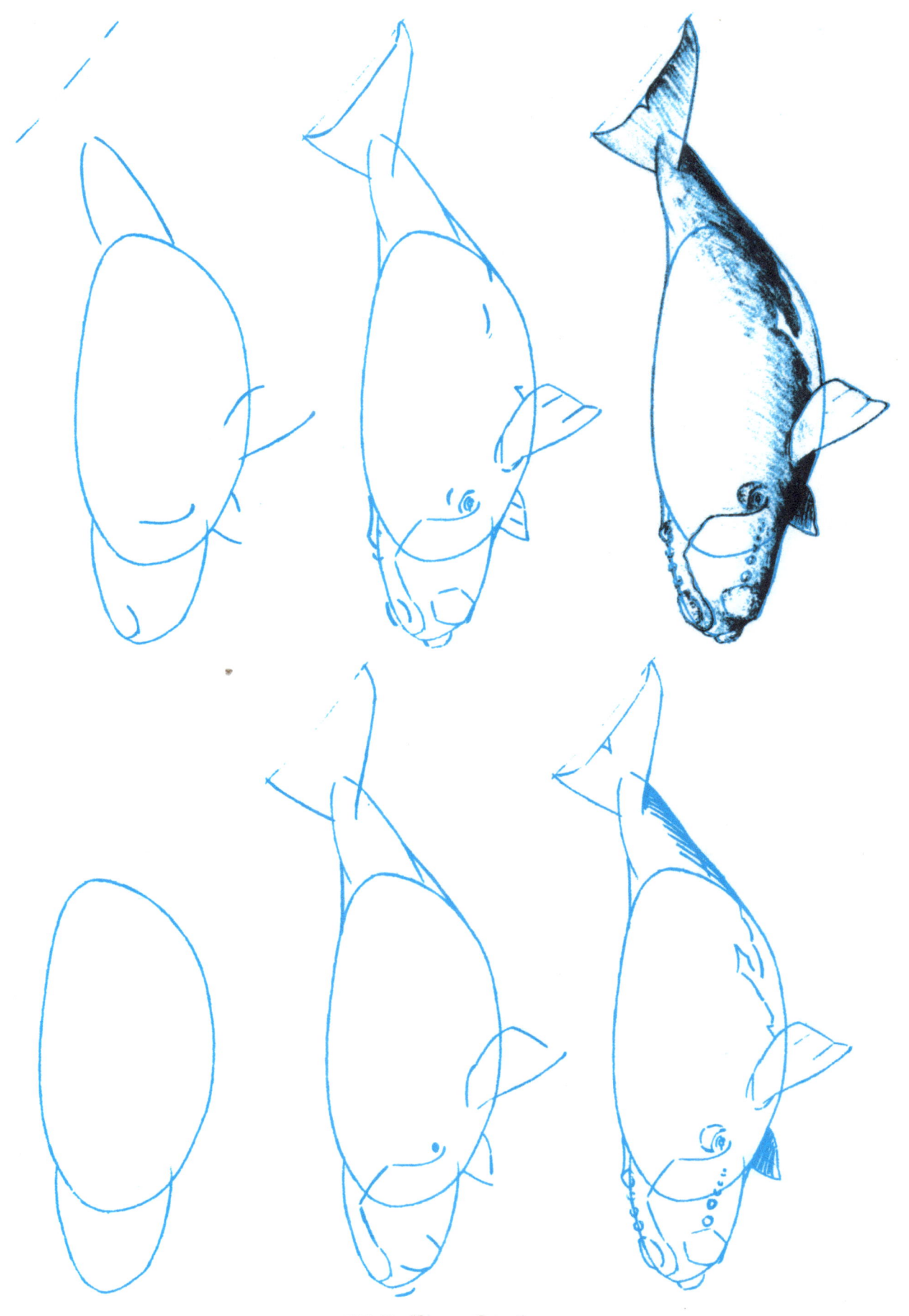

27 Ballena franca

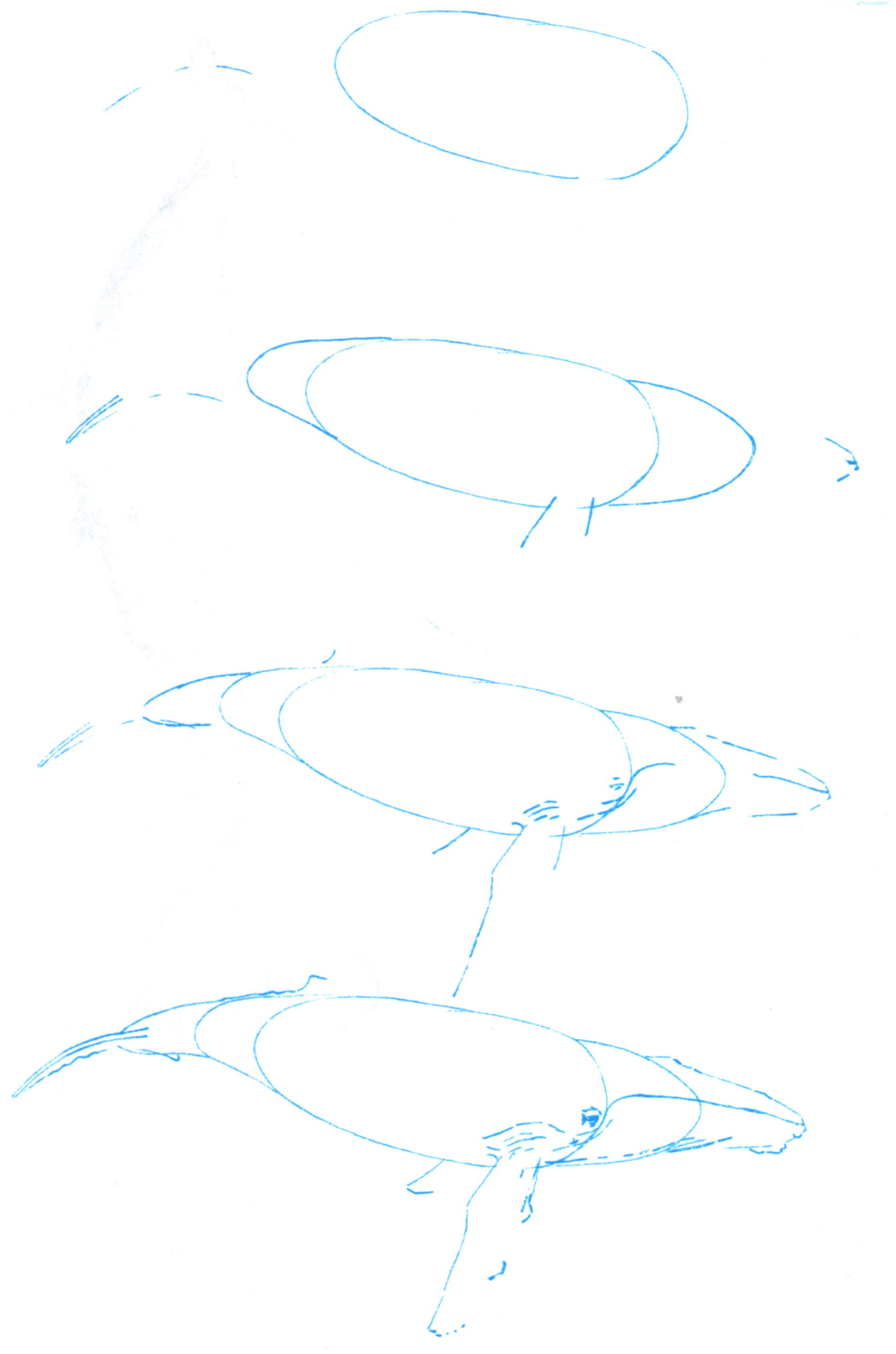

28 Ballena jorobada

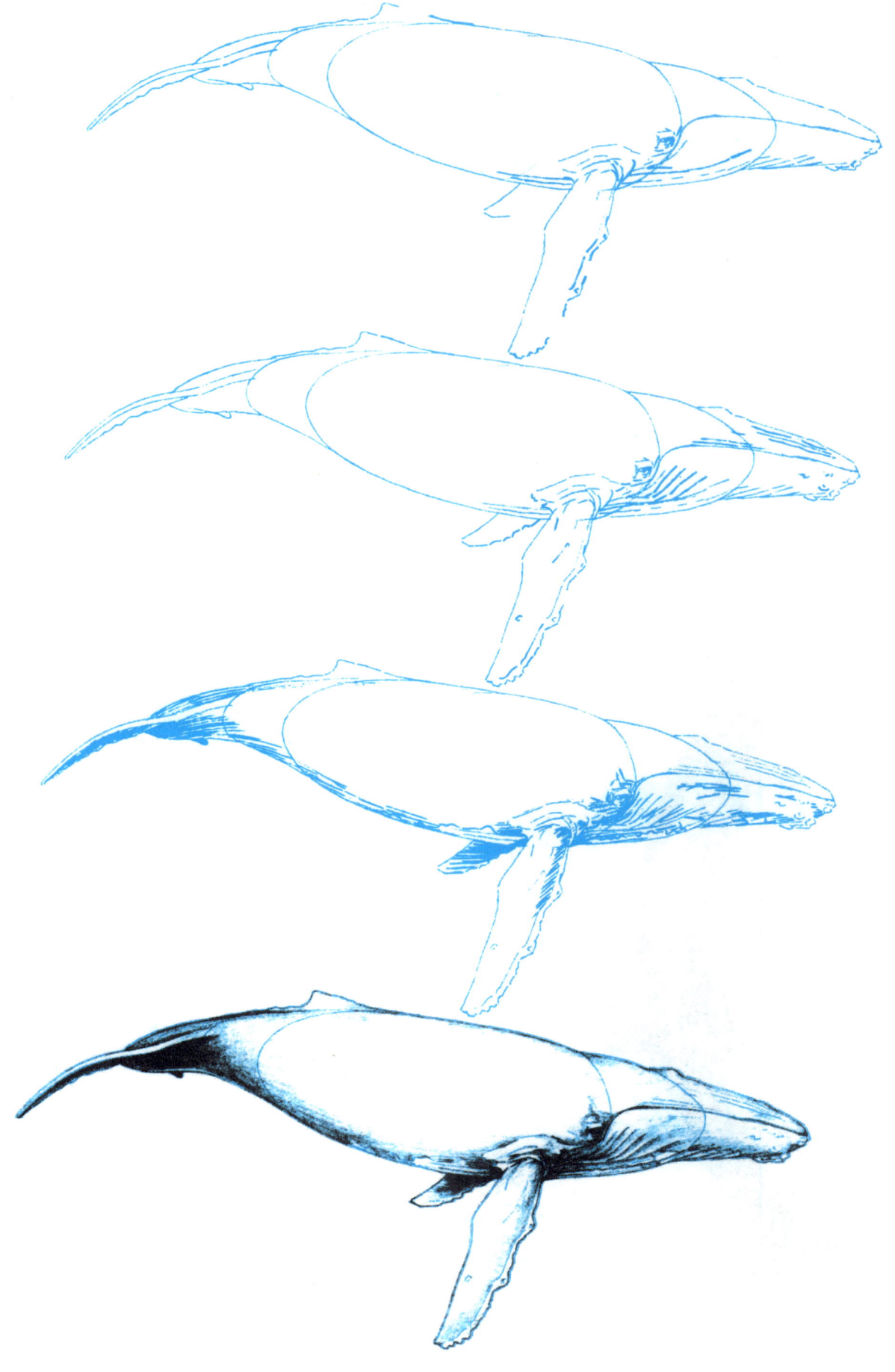

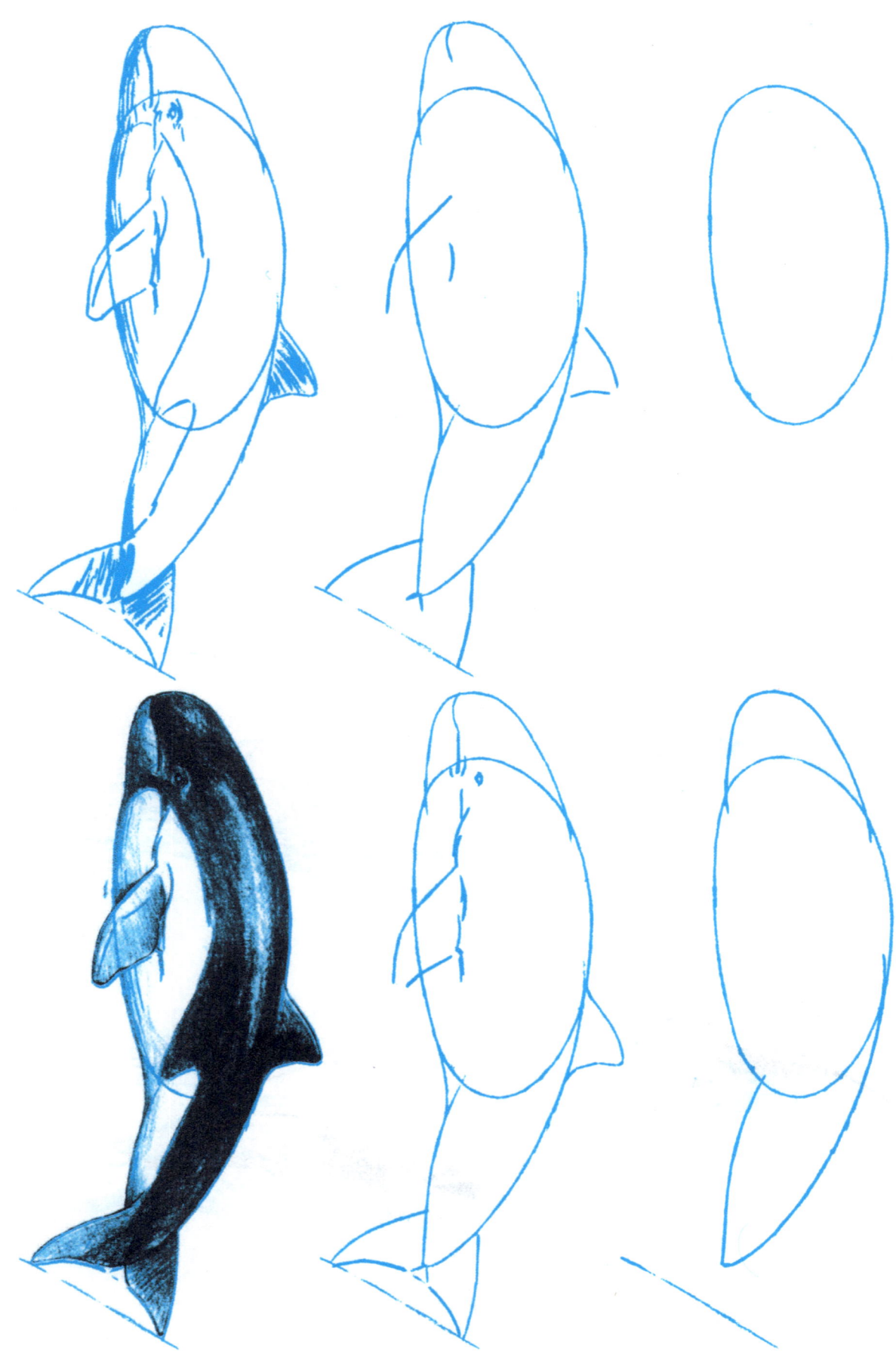

30 Marsopa

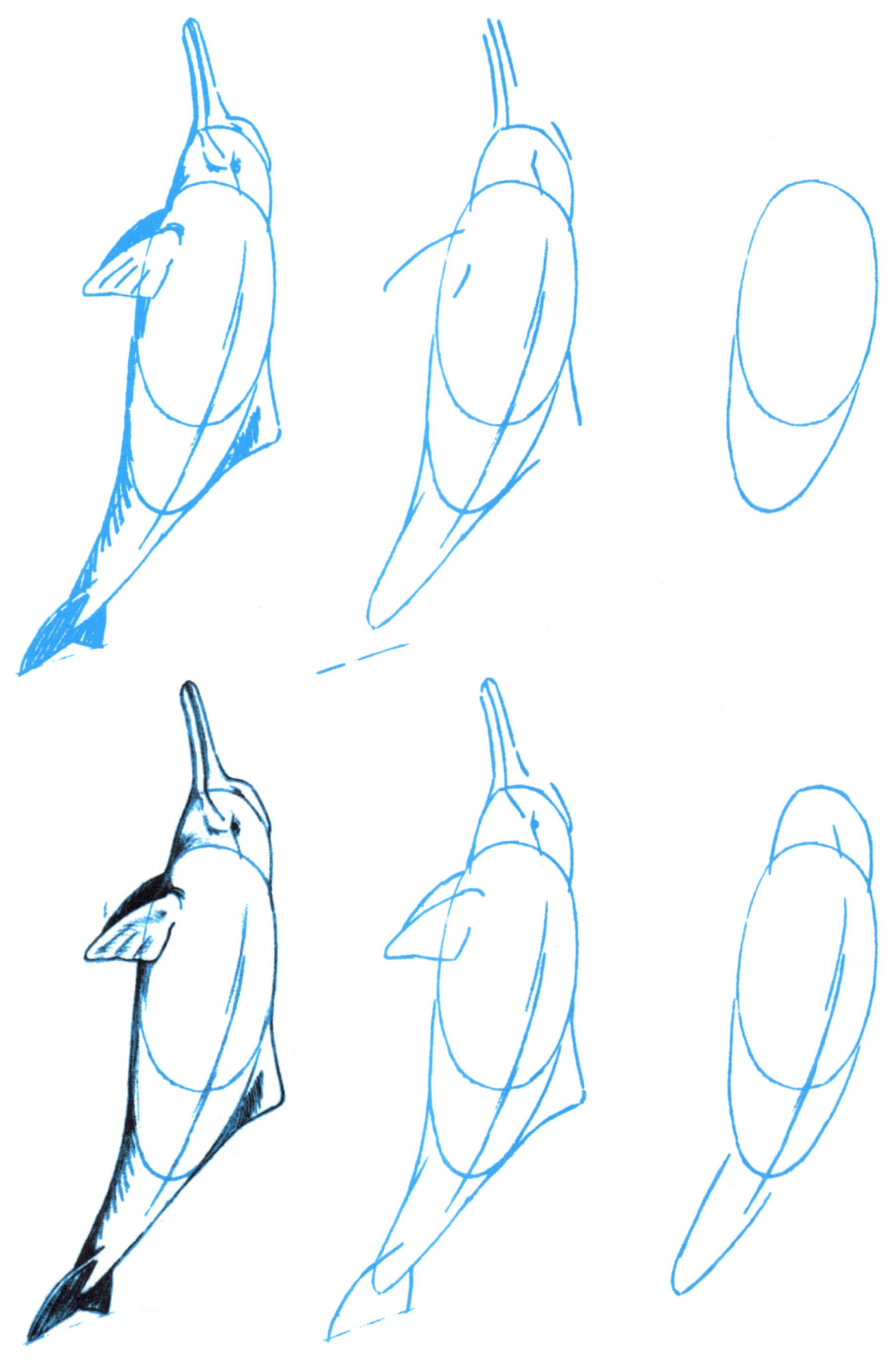

31 Delfín de agua dulce del Indo

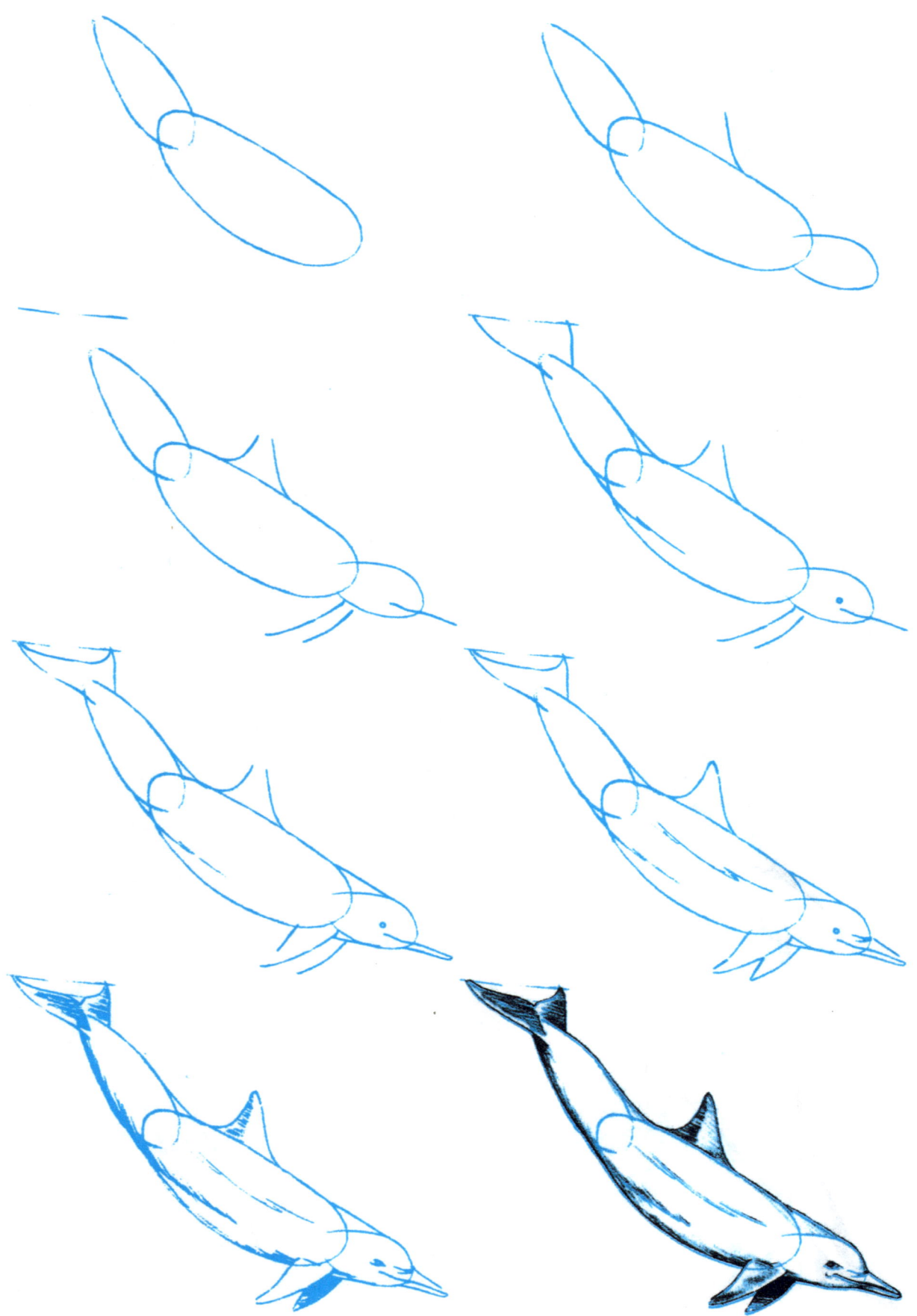

32 Delfín

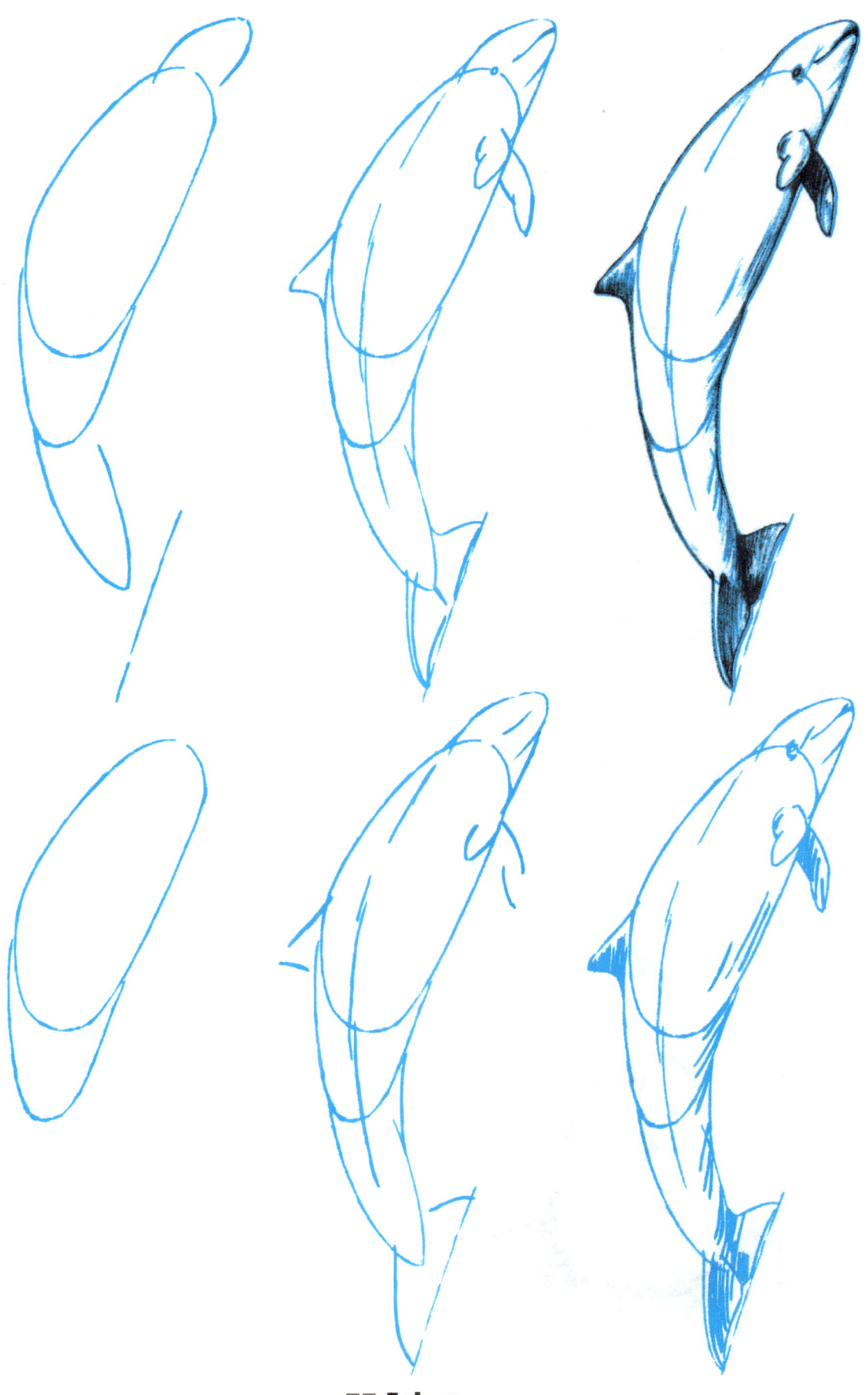

33 Falsa orca
Pertenece a la familia de los delfines

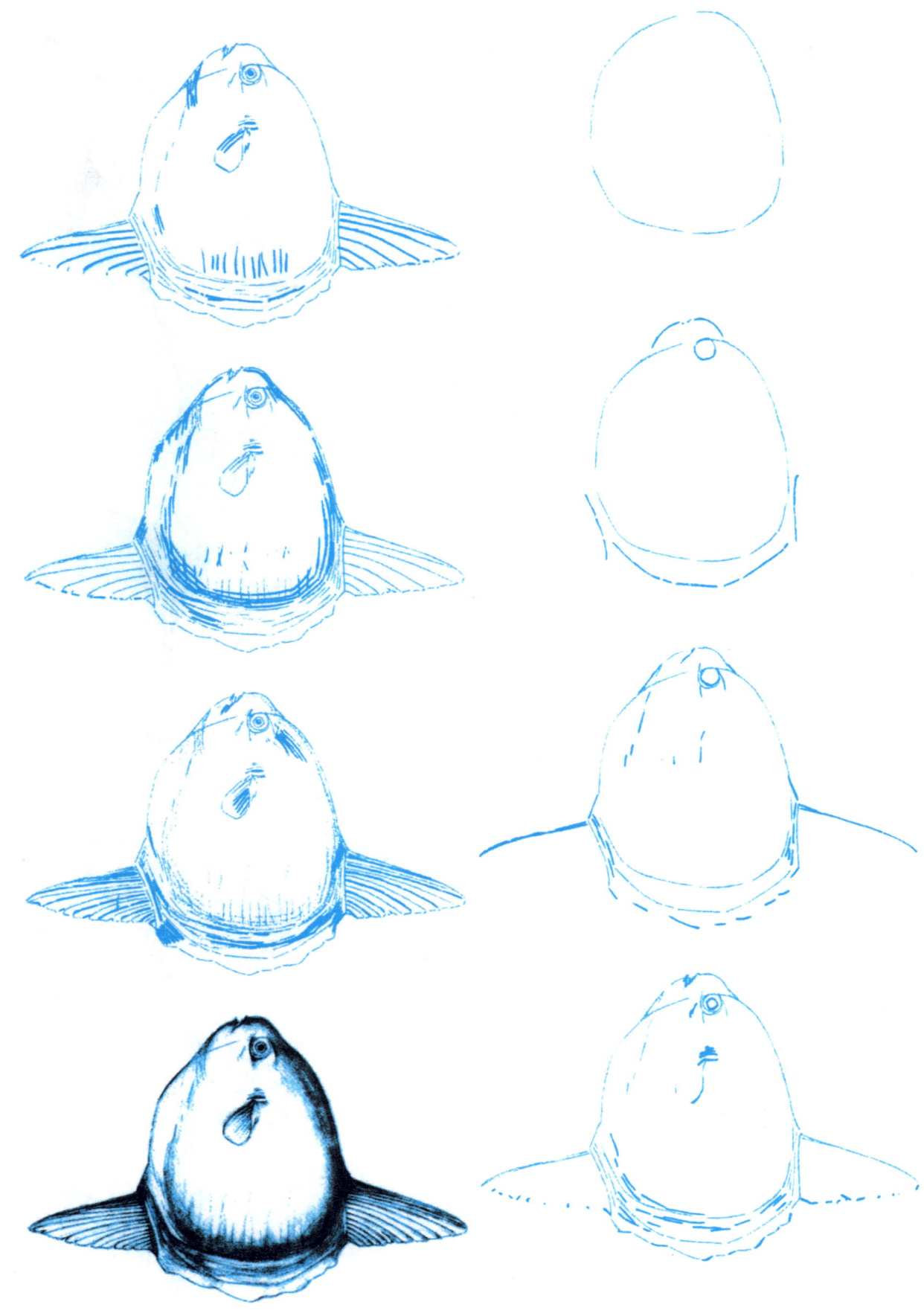

34 Pez luna

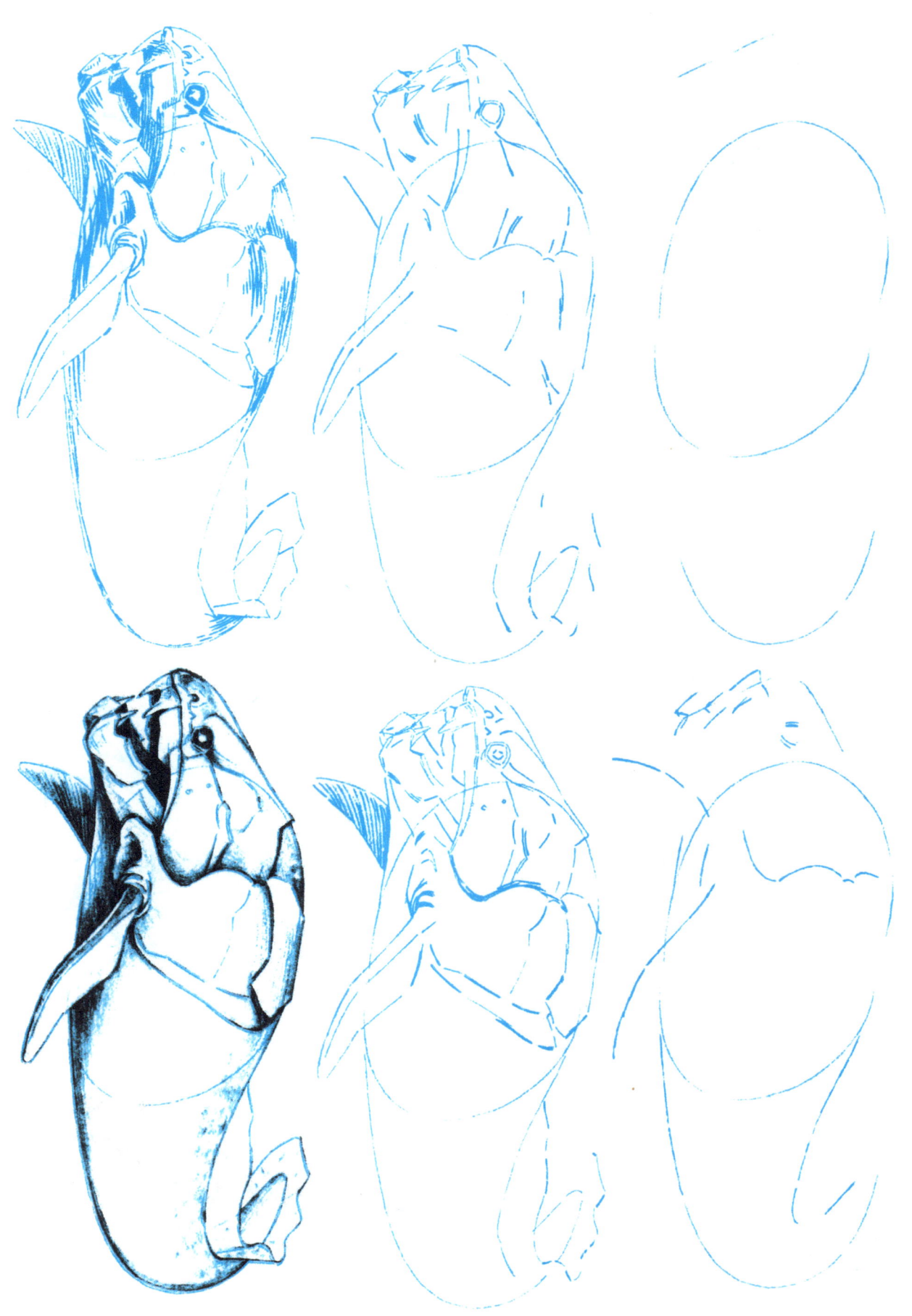

35 Dinichtys
Pez gigante prehistórico que podría medir hasta 8 metros

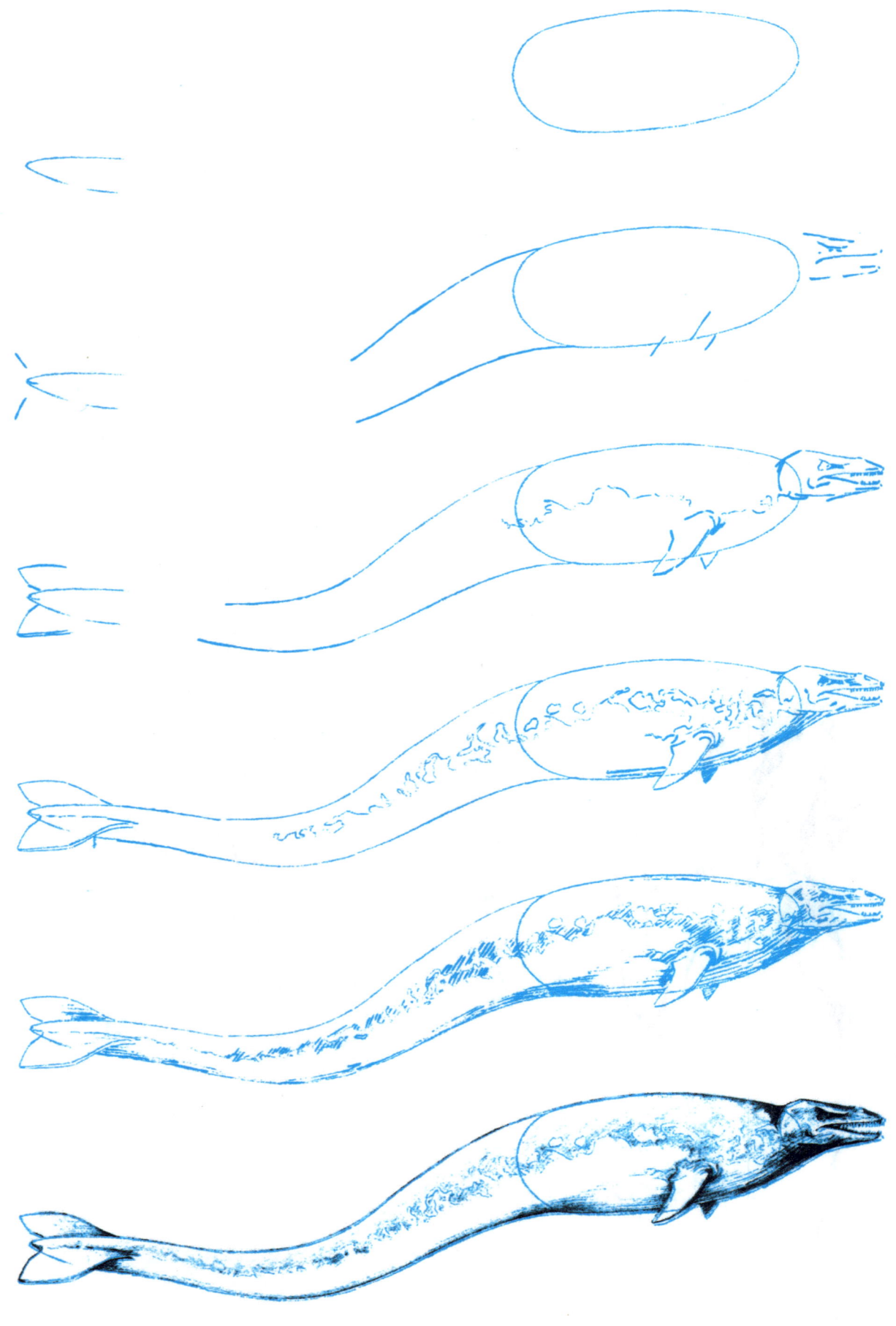

36 Zeuglodon
Ballena primitiva, hasta 19,5 metros

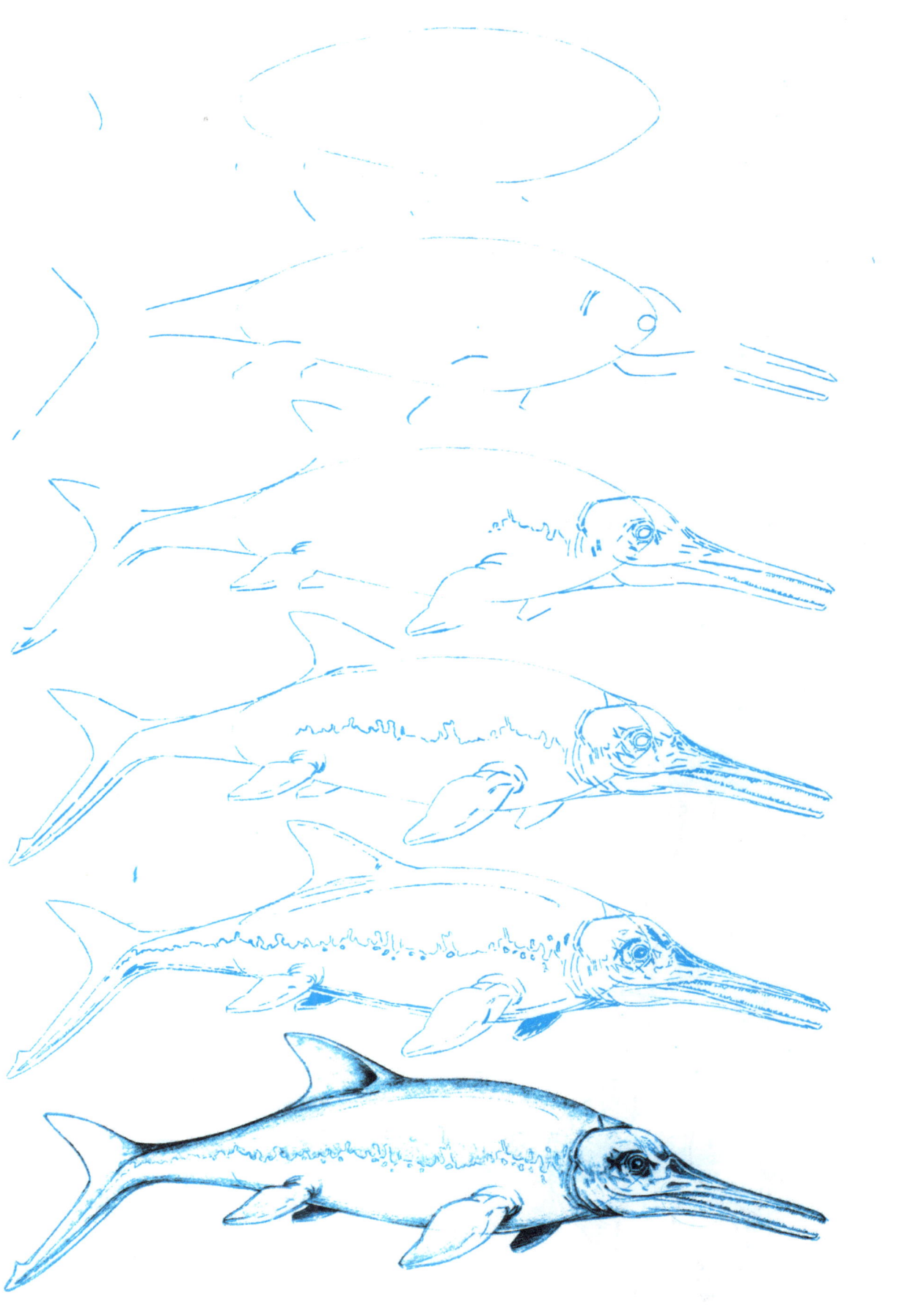

37 Ichthyosaurio
Reptil marino prehistórico que podría medir hasta 12 metros

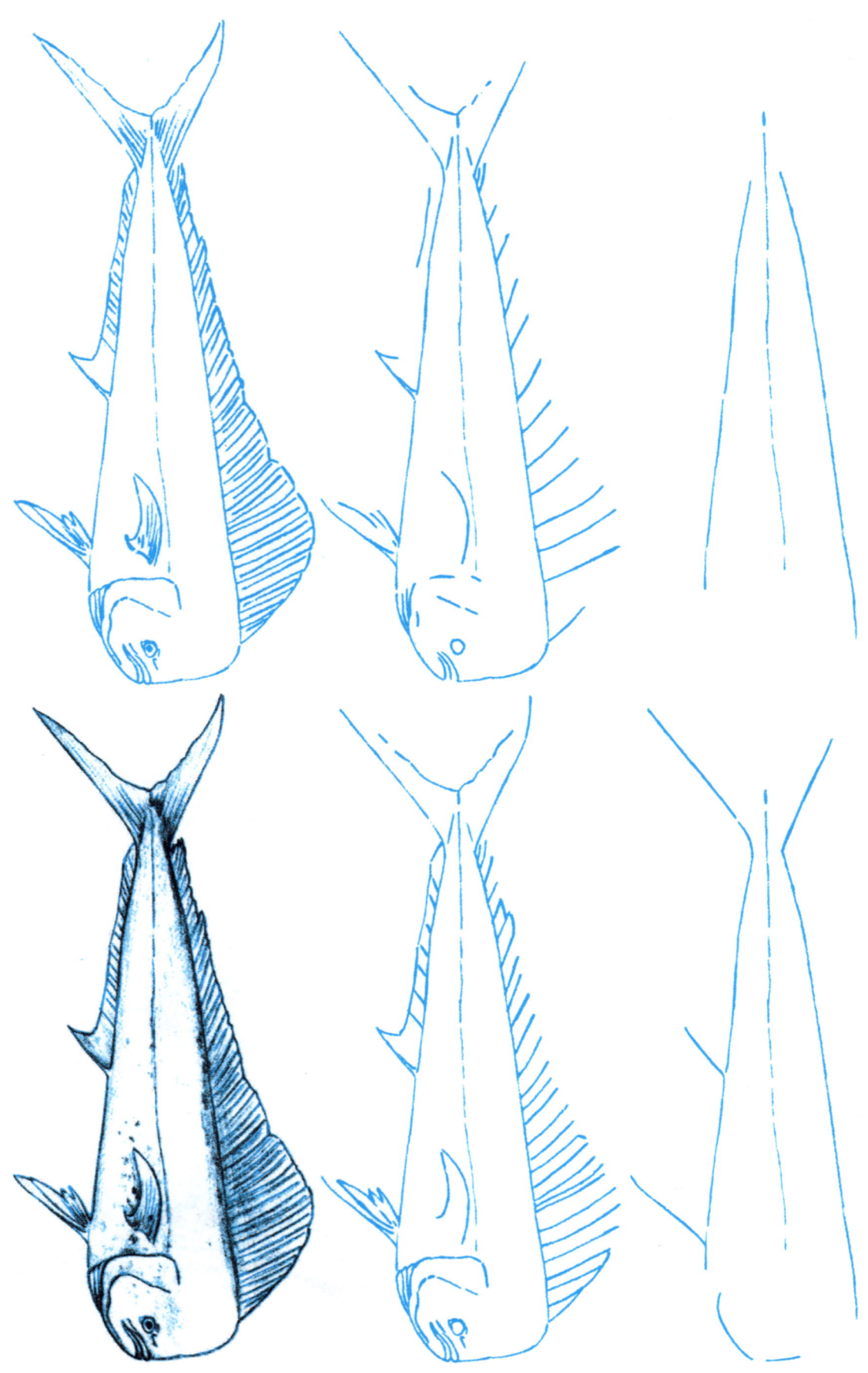

38 Llampuga

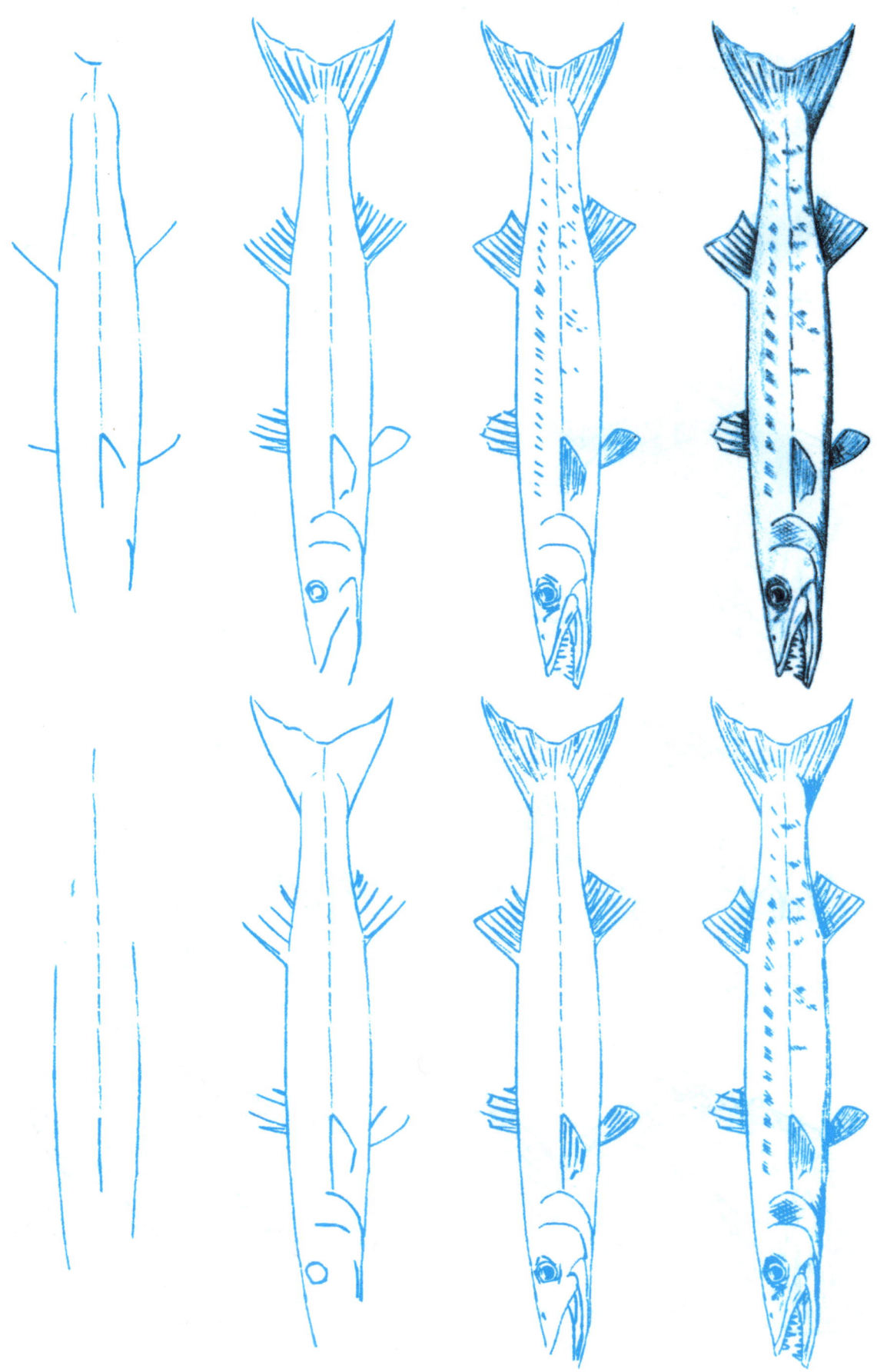

39 Barracuda

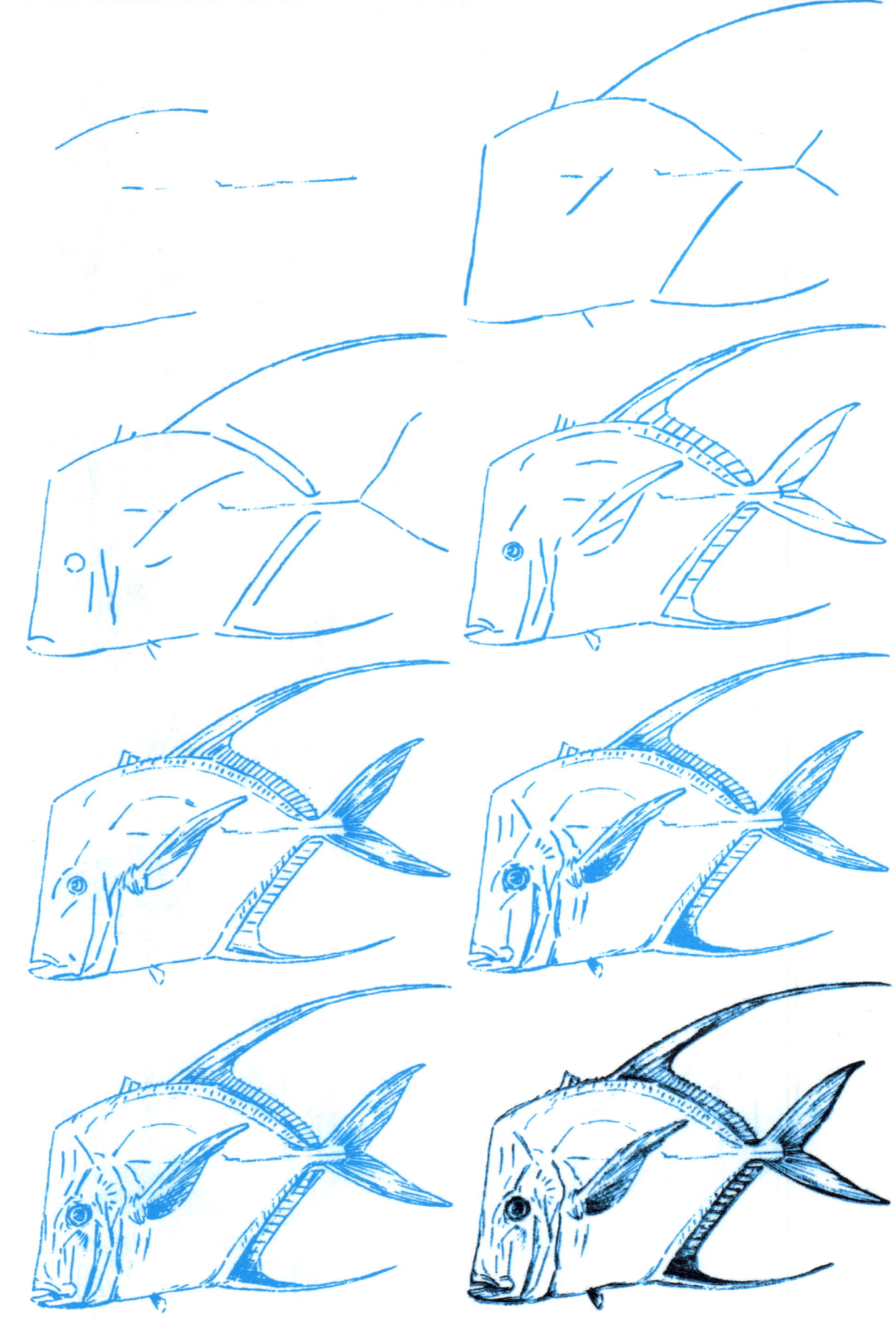

40 Lamparosa

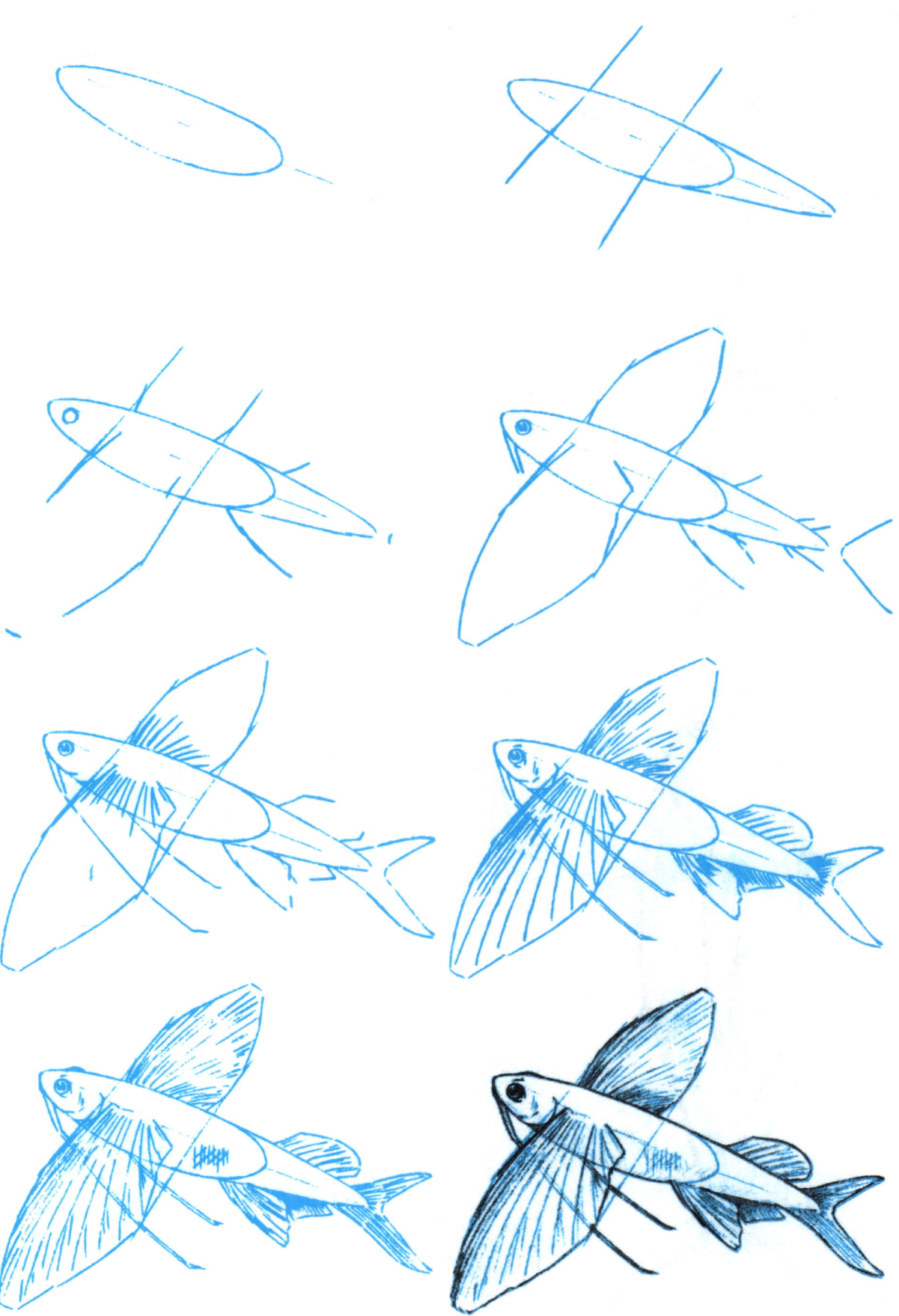

41 Pez volador

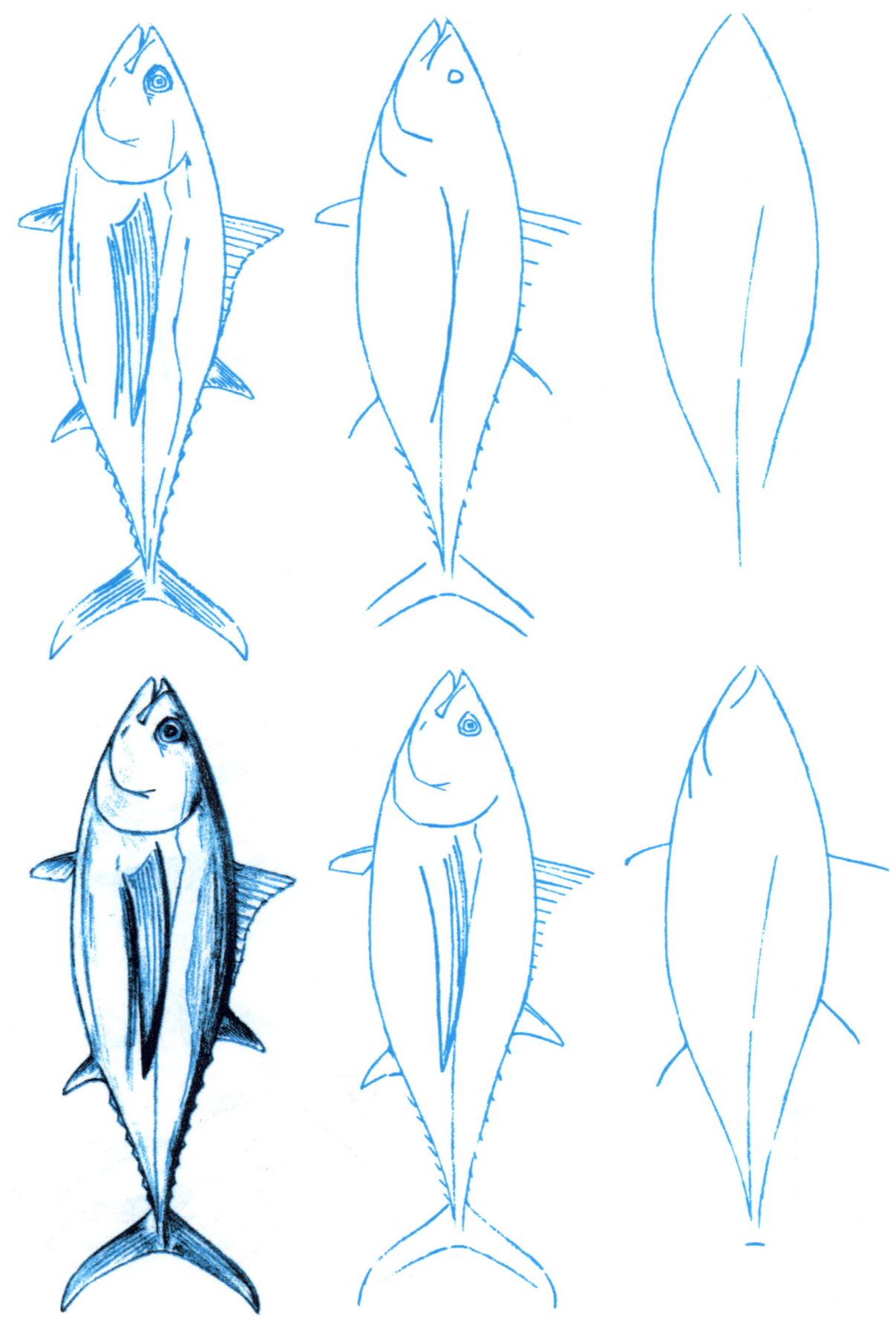

42 Atún

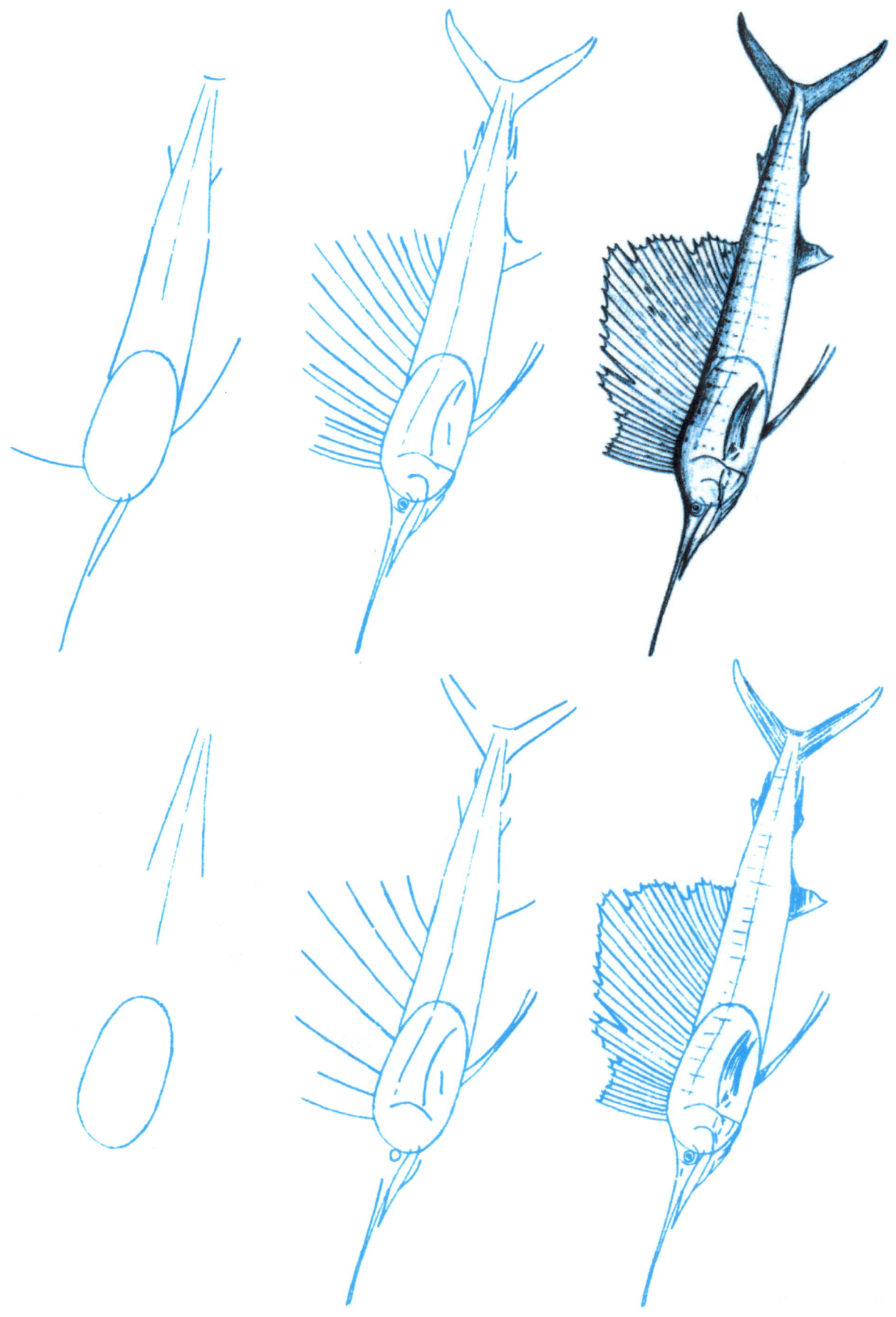

43 Pez vela

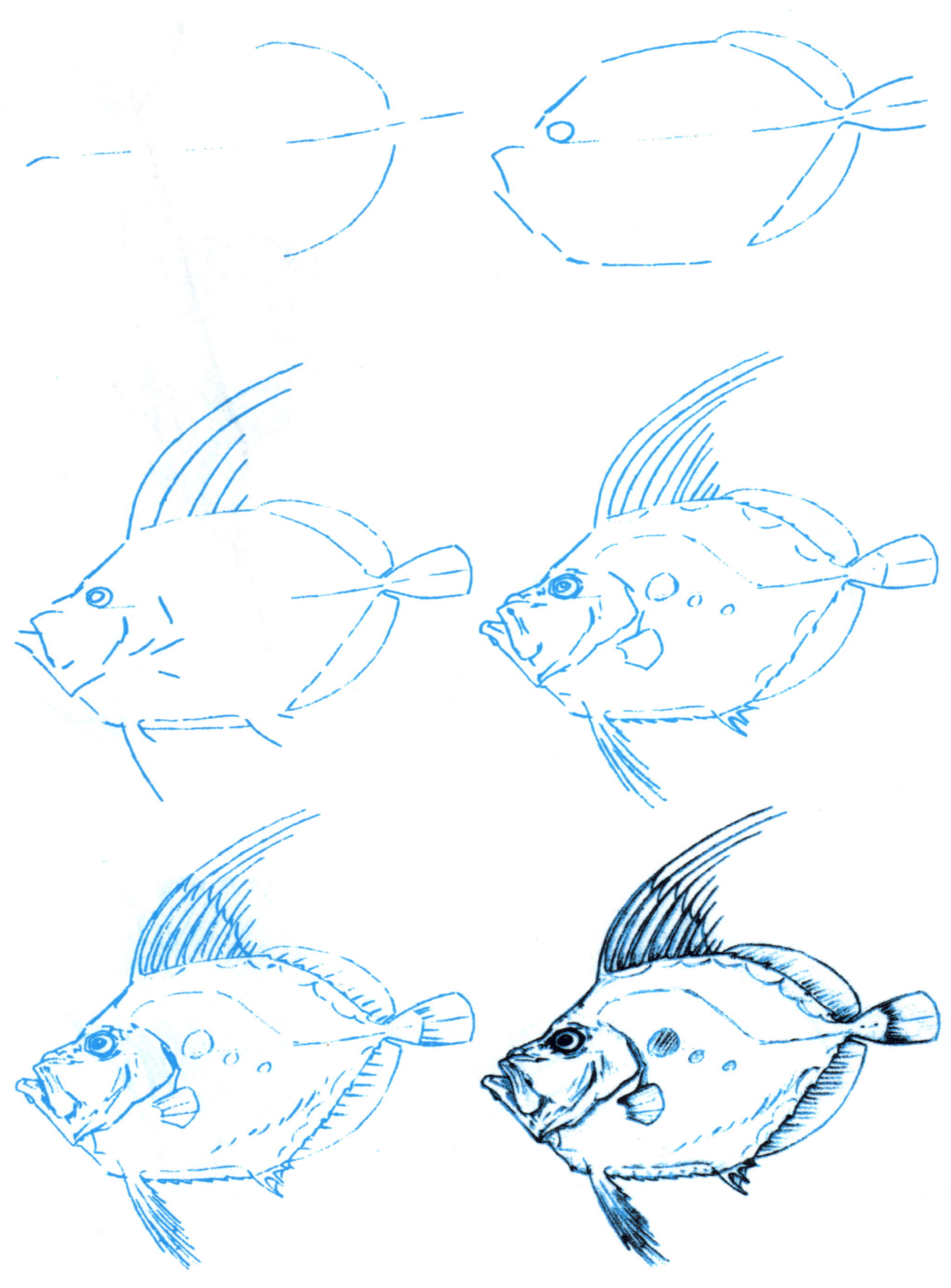

44 Dorada americana

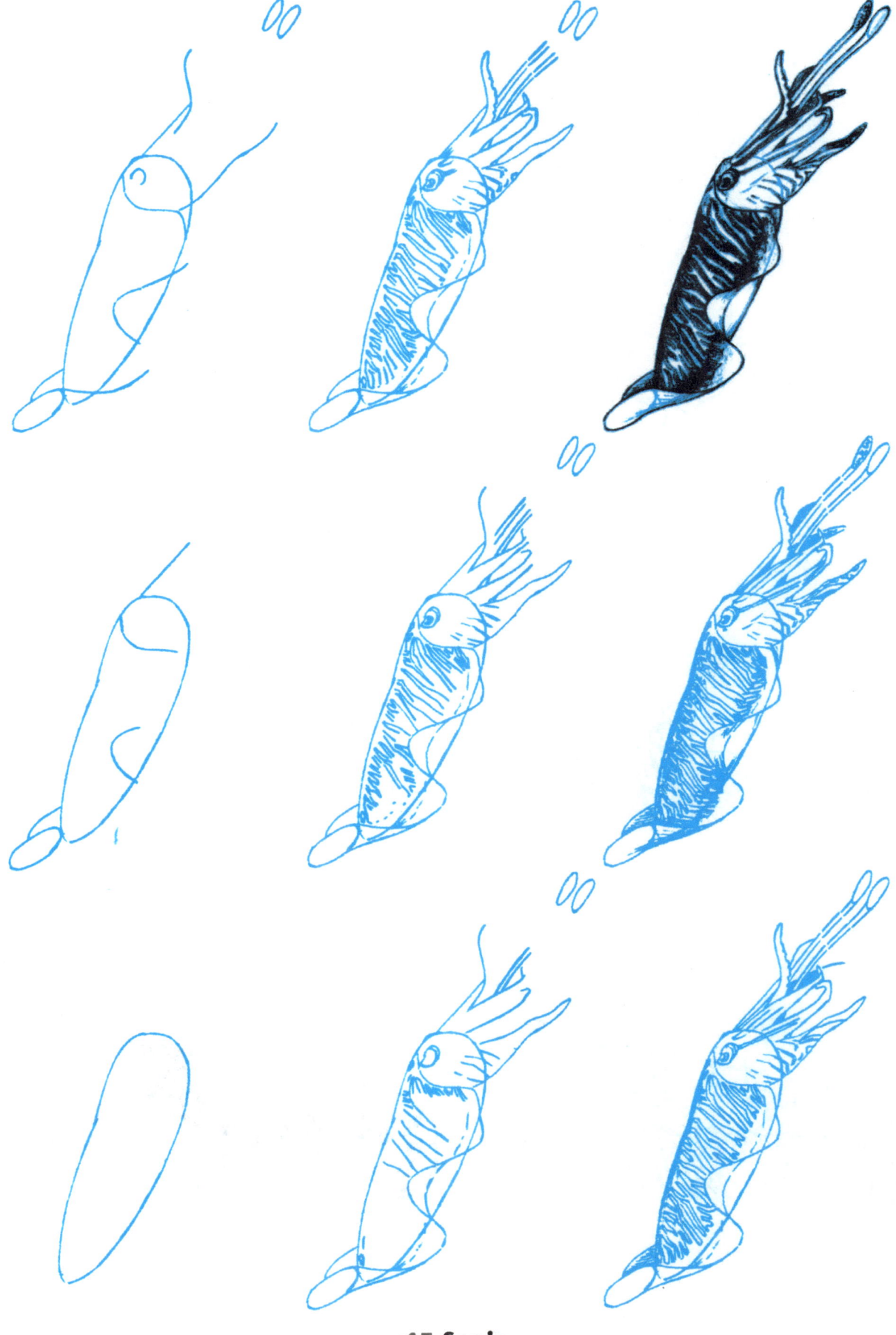

45 Sepia

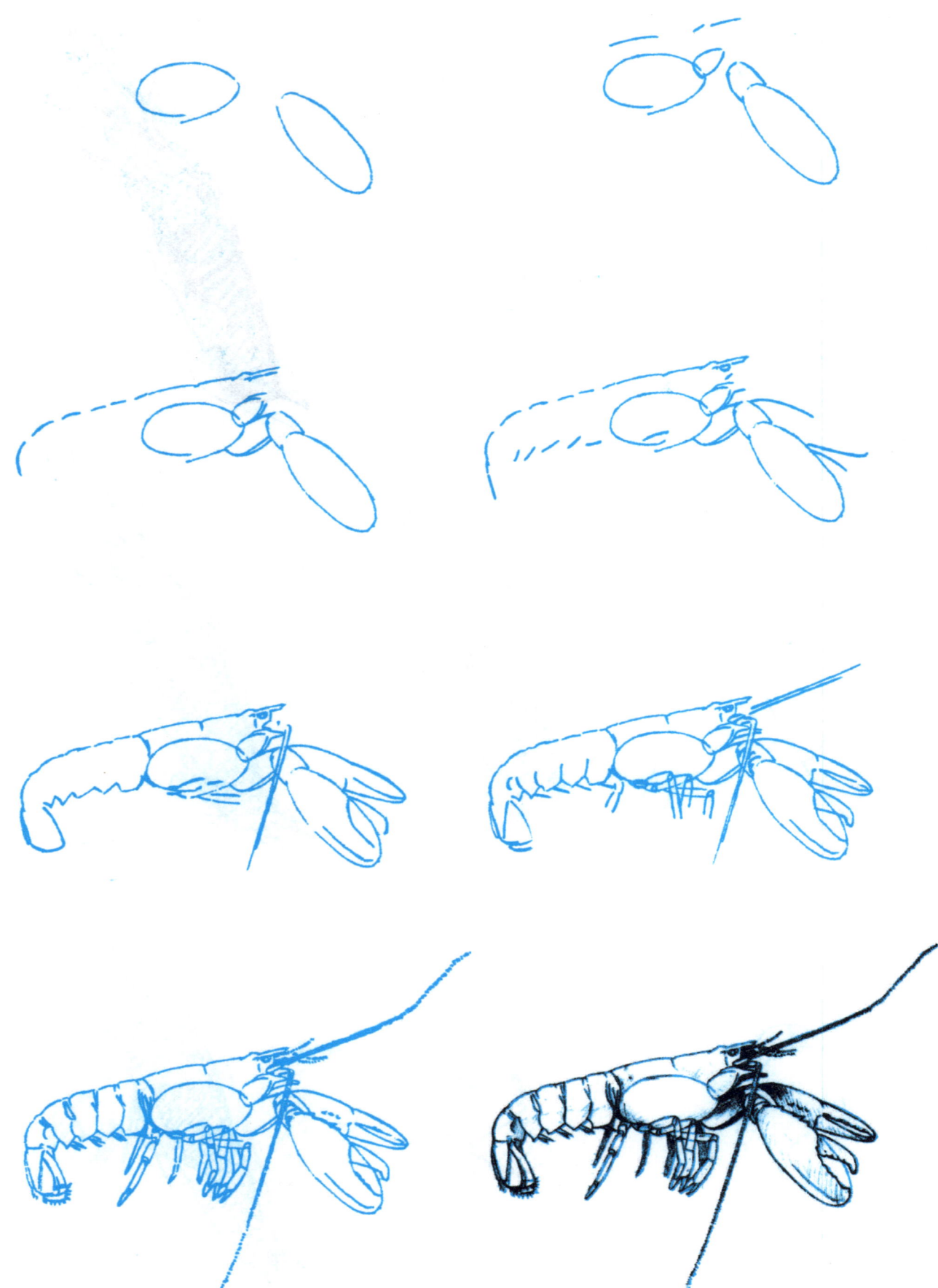

46 Bogavante

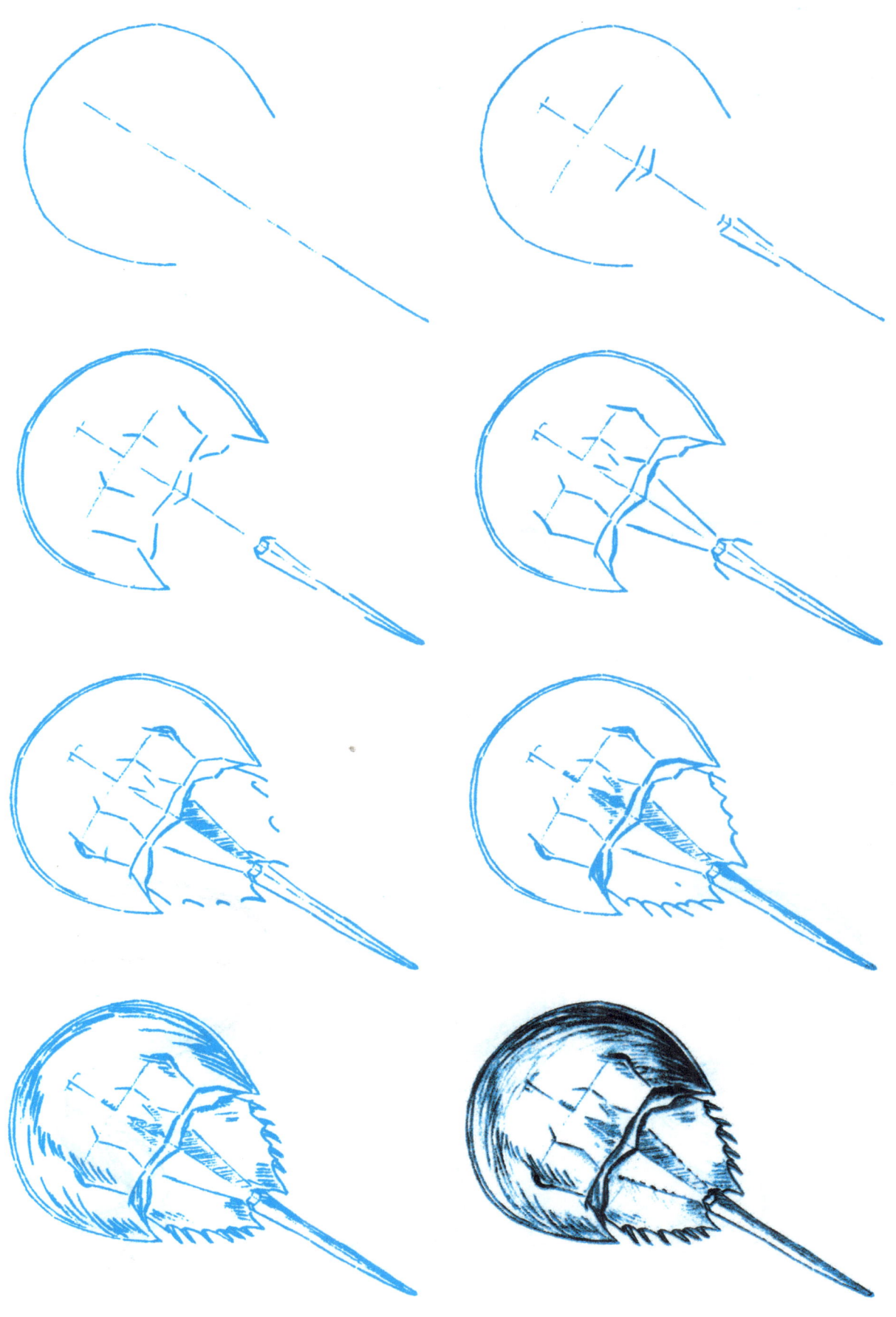

47 Límulo o cangrejo herradura

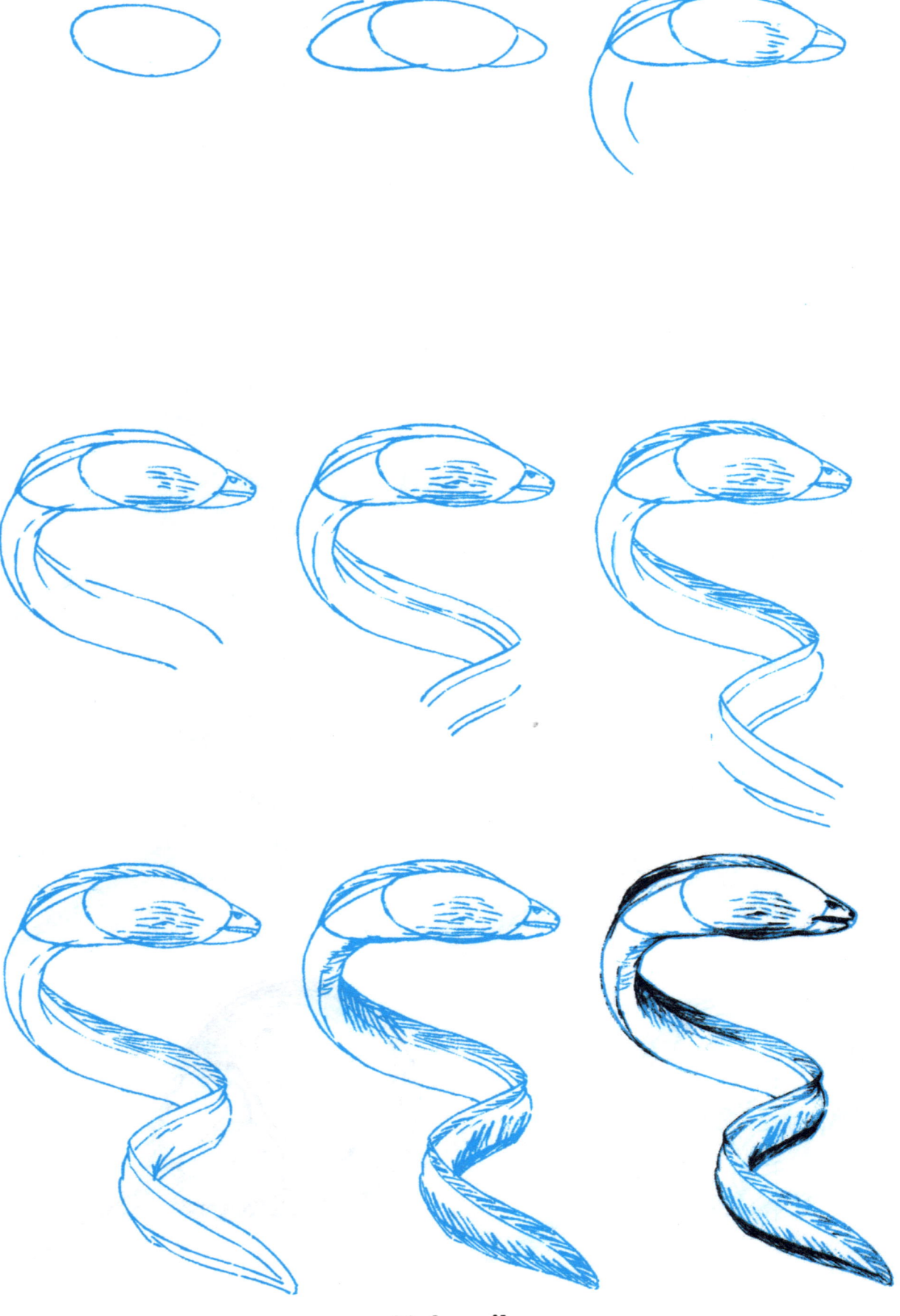

48 Anguila

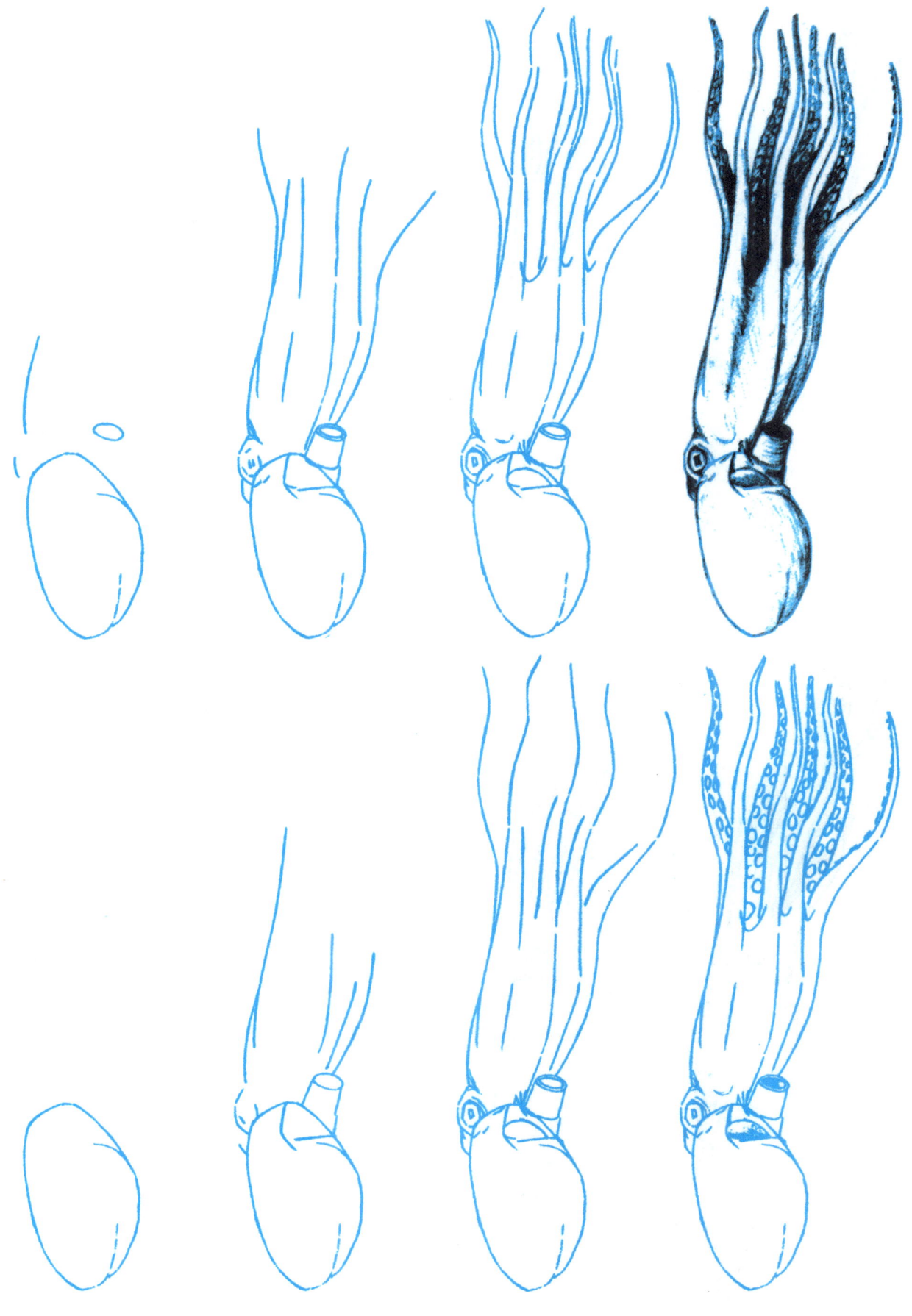

49 Pulpo

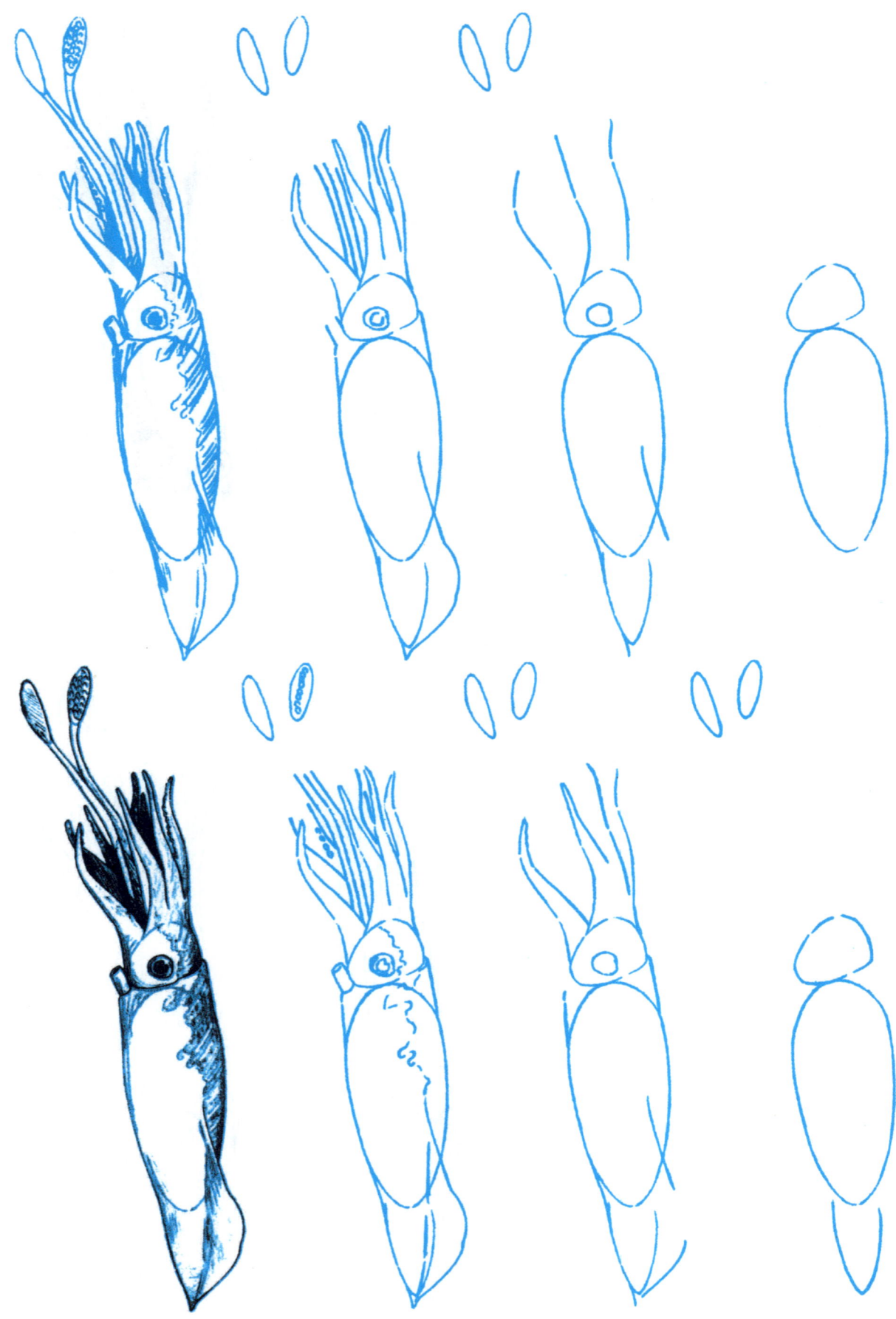

50 Calamar

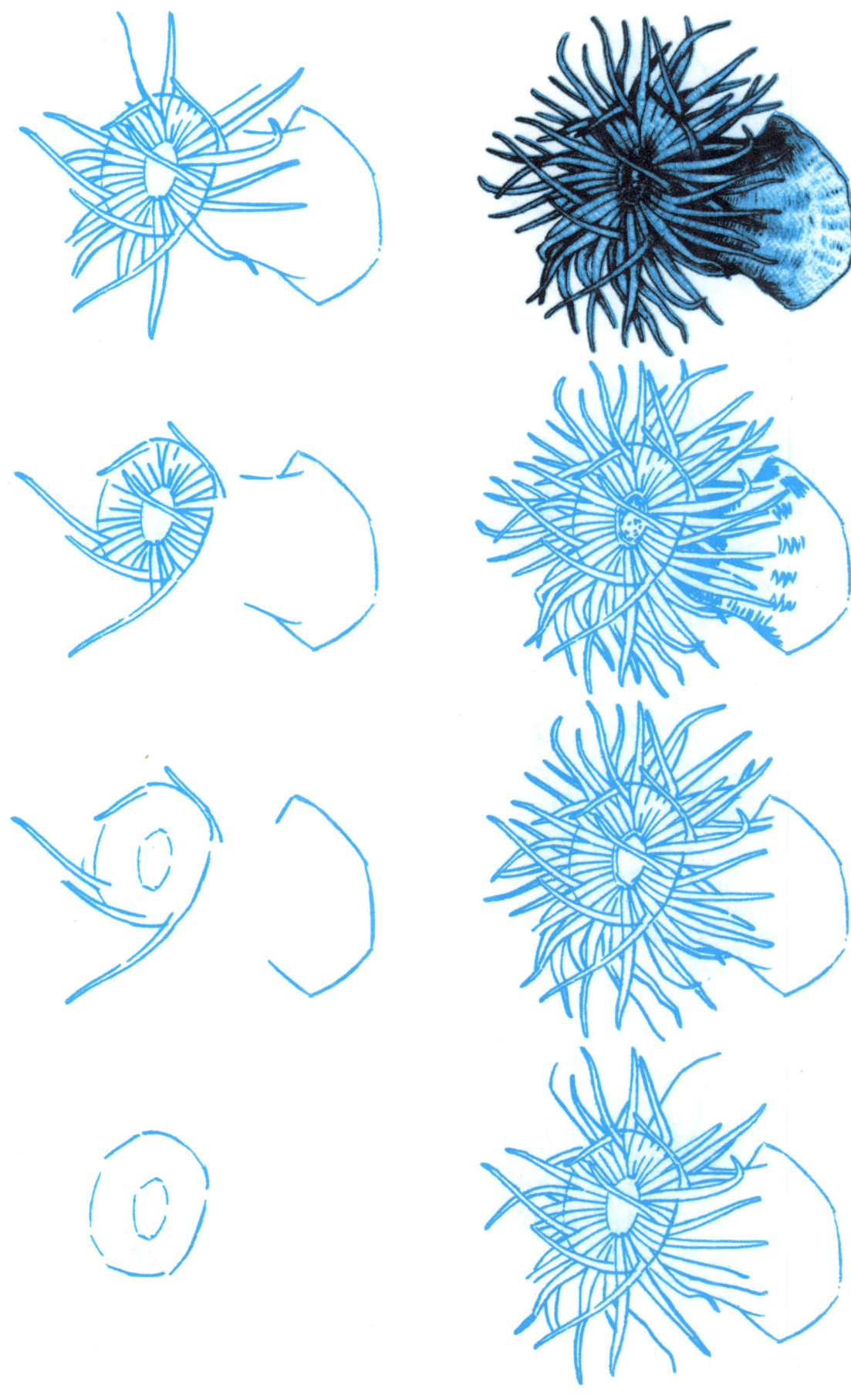

51 Anémona de mar

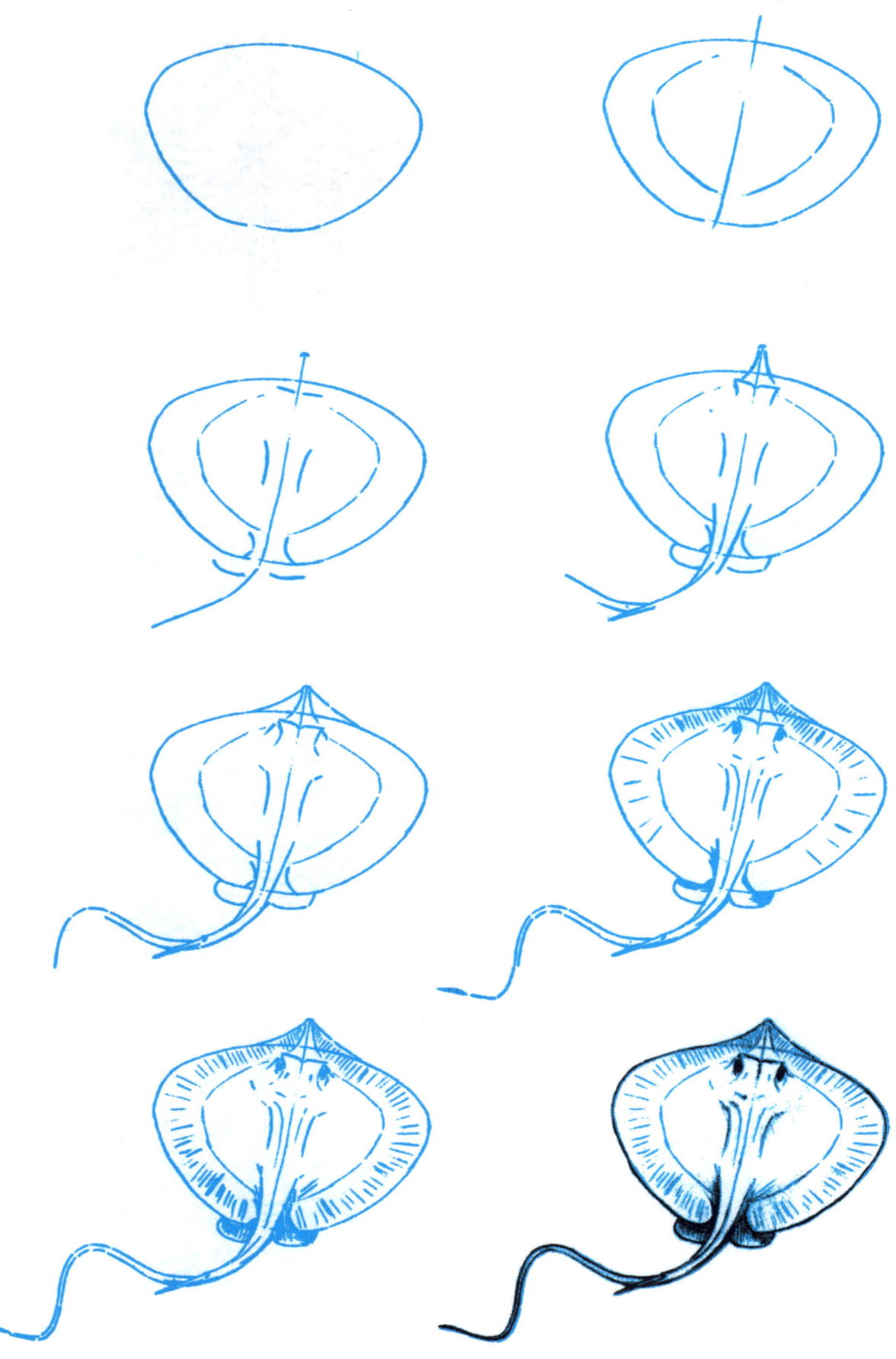

52 Raya torpedo

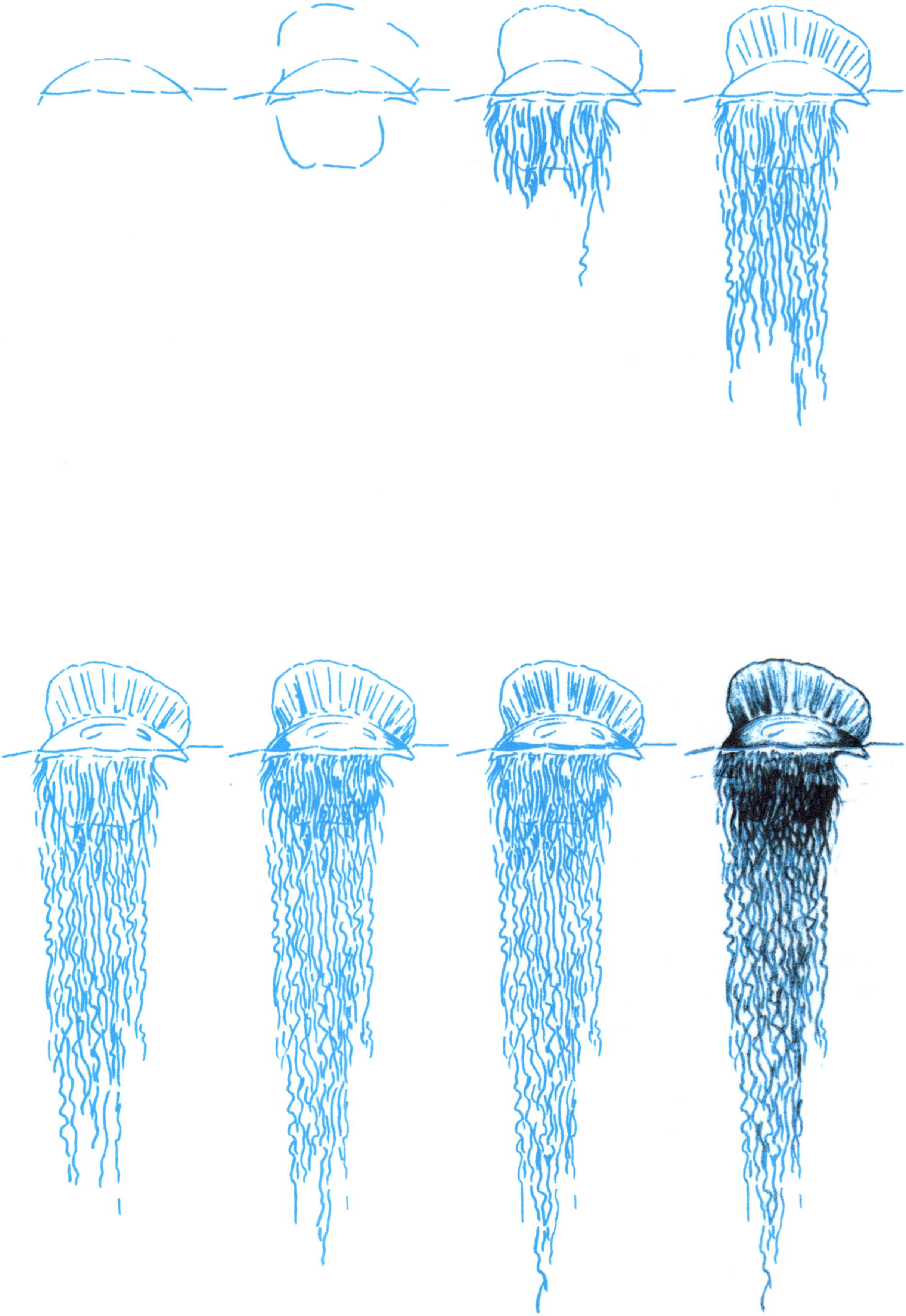

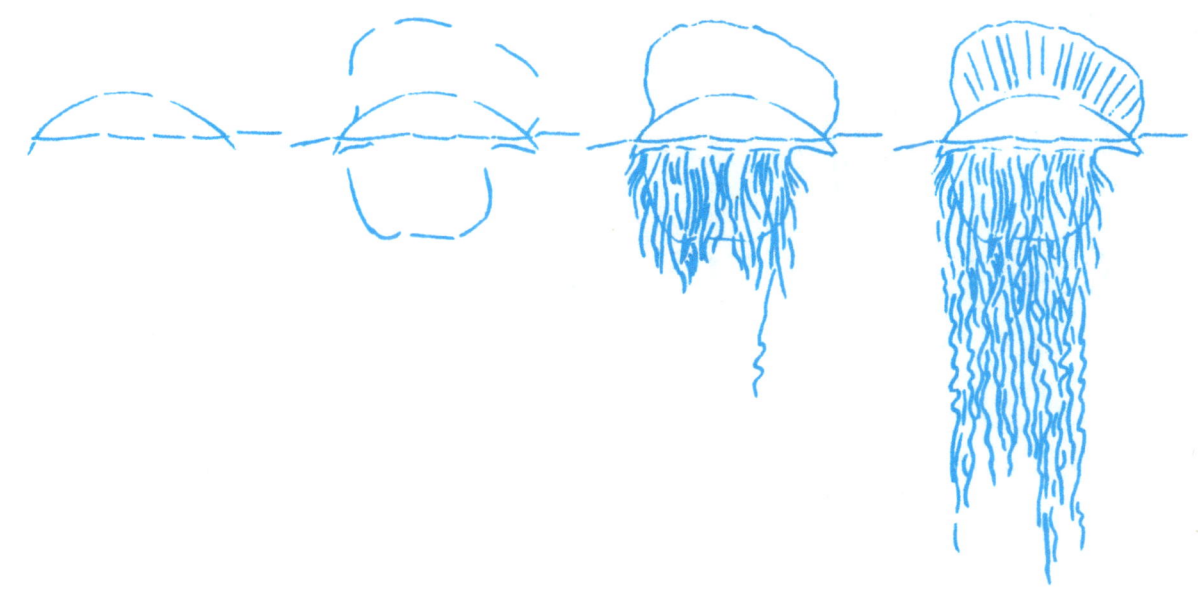

53 Carabela portuguesa

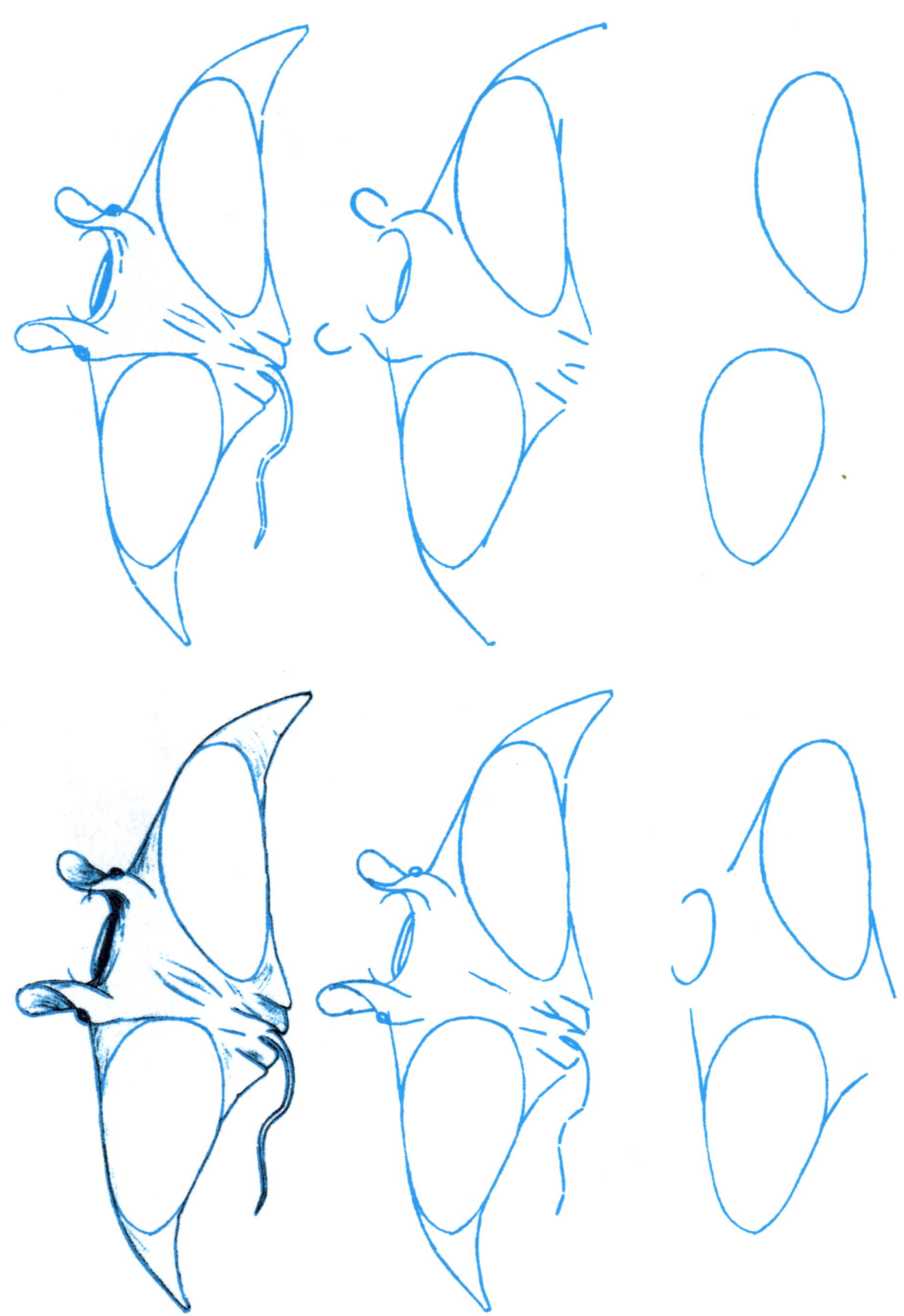

54 Raya manta del Pacífico

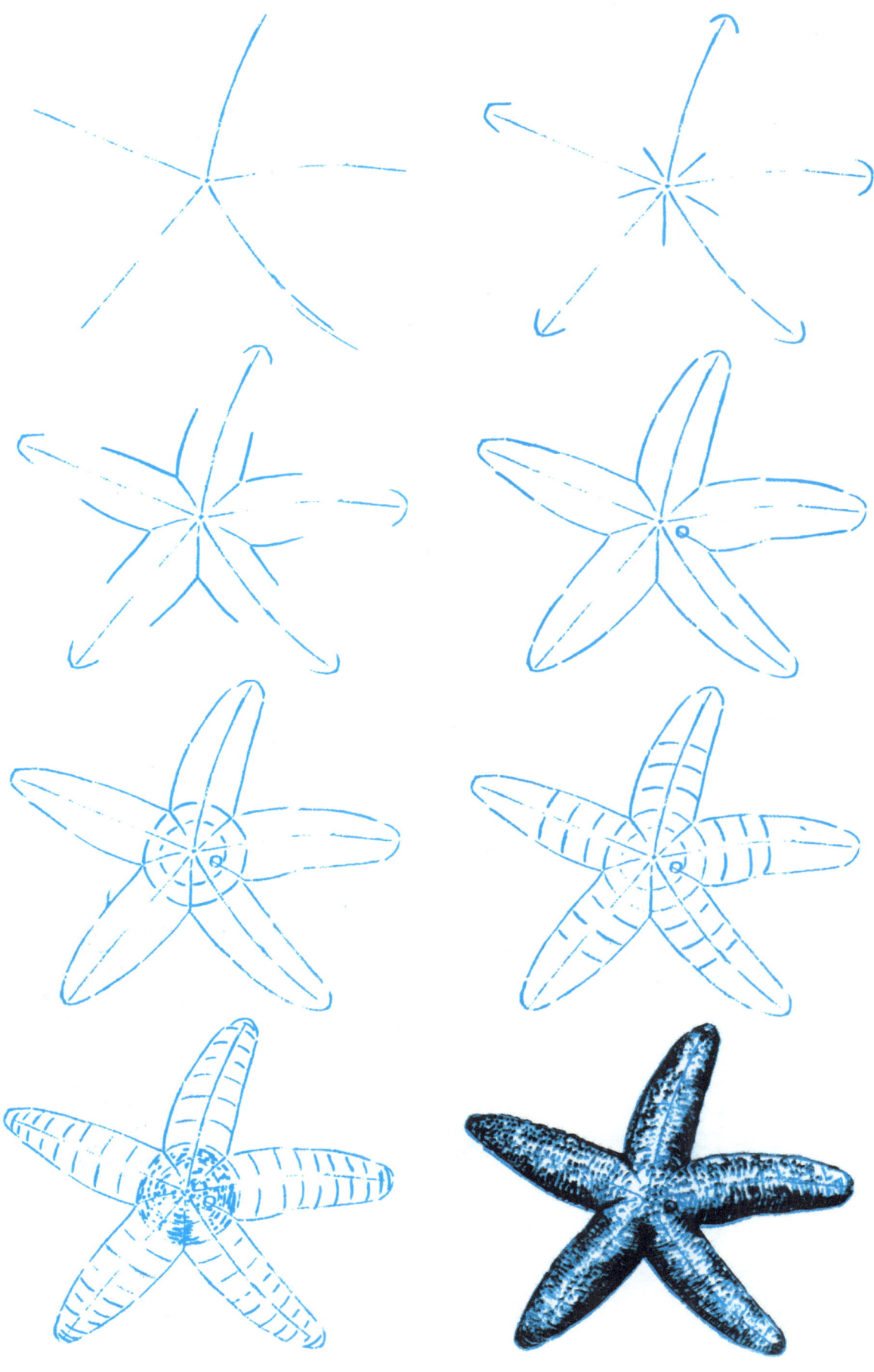

55 Estrella de mar

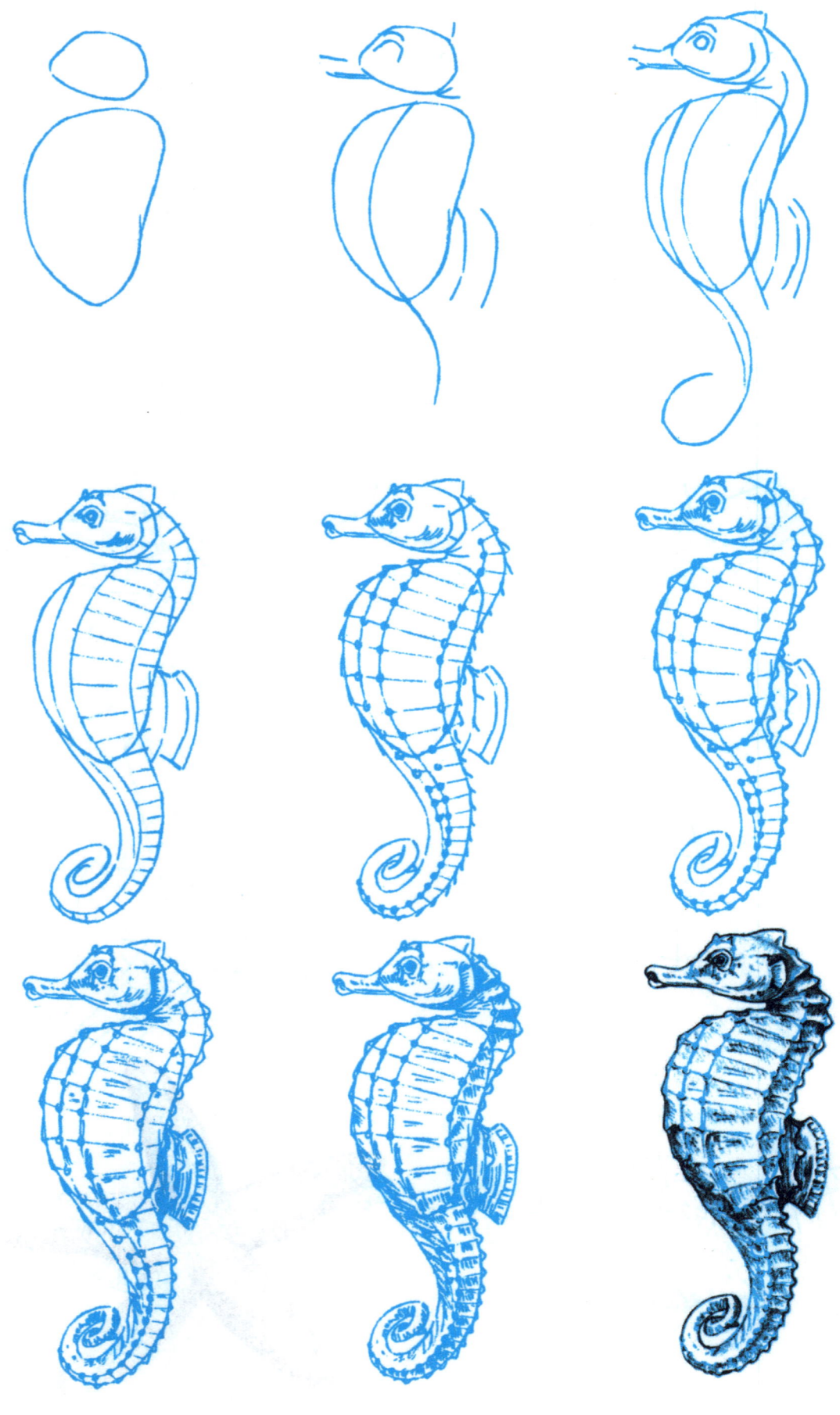

56 Caballito de mar

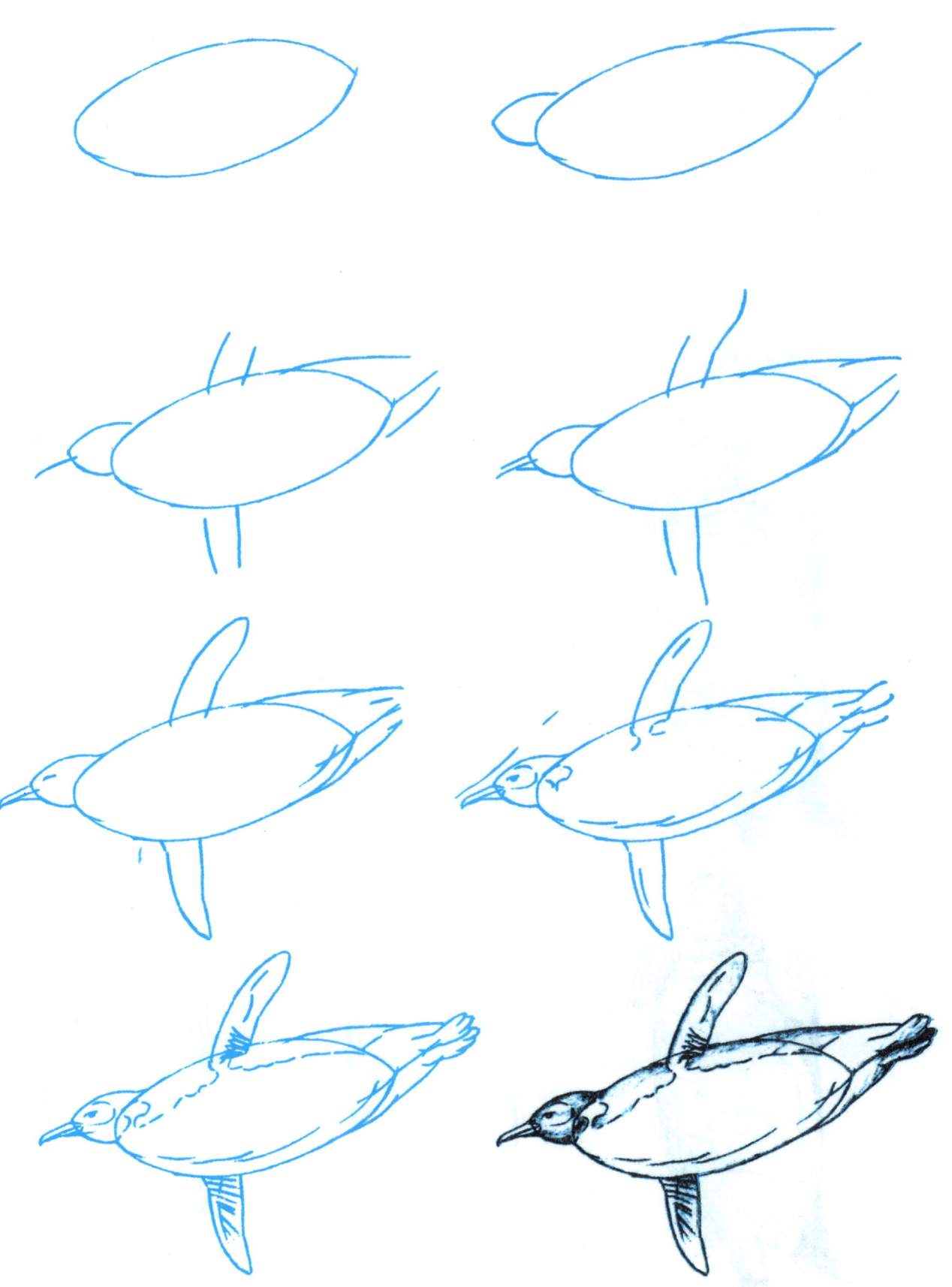

57 Pingüino emperador

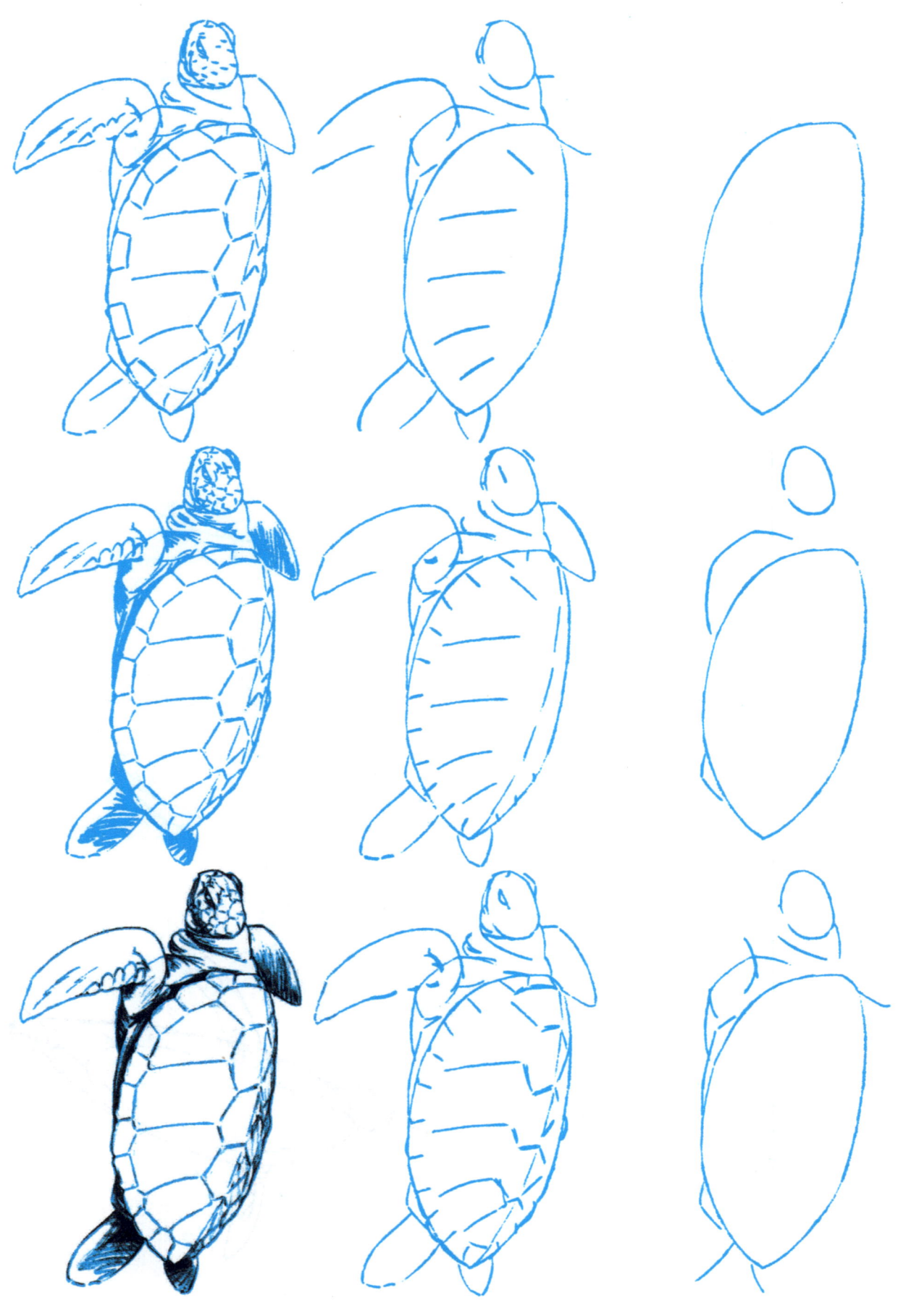

58 Tortuga verde marina

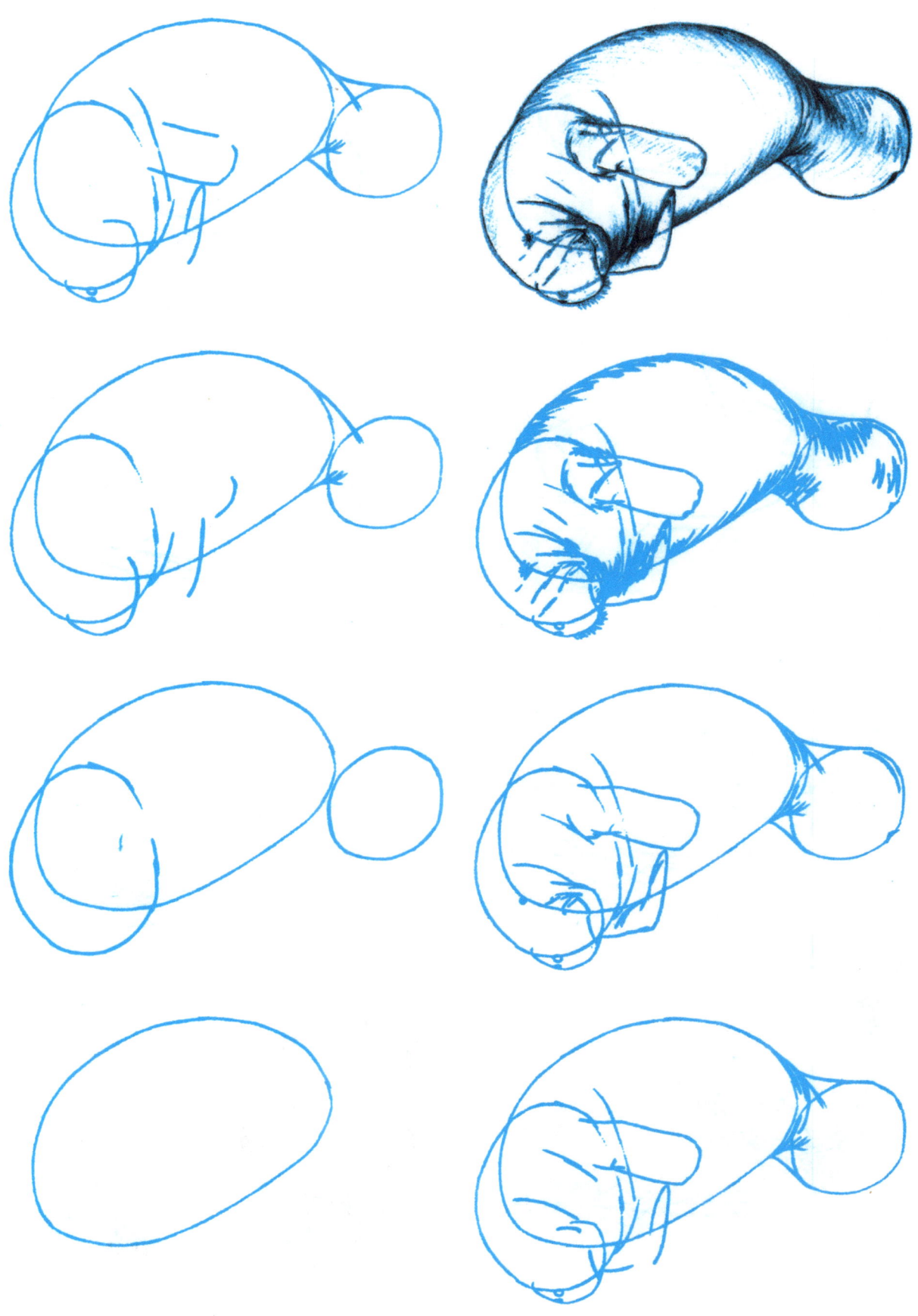

59 Vaca marina

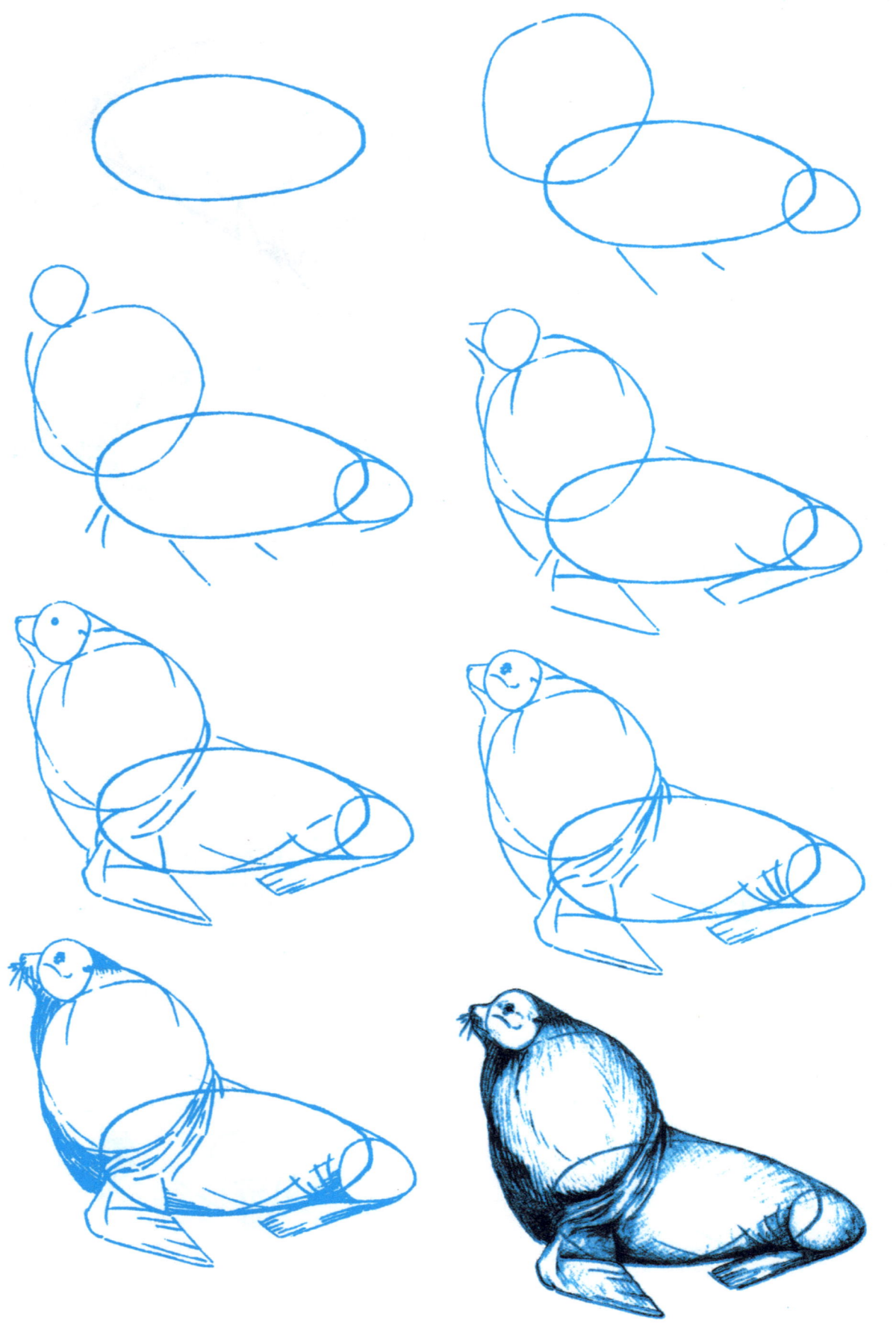

60 León marino

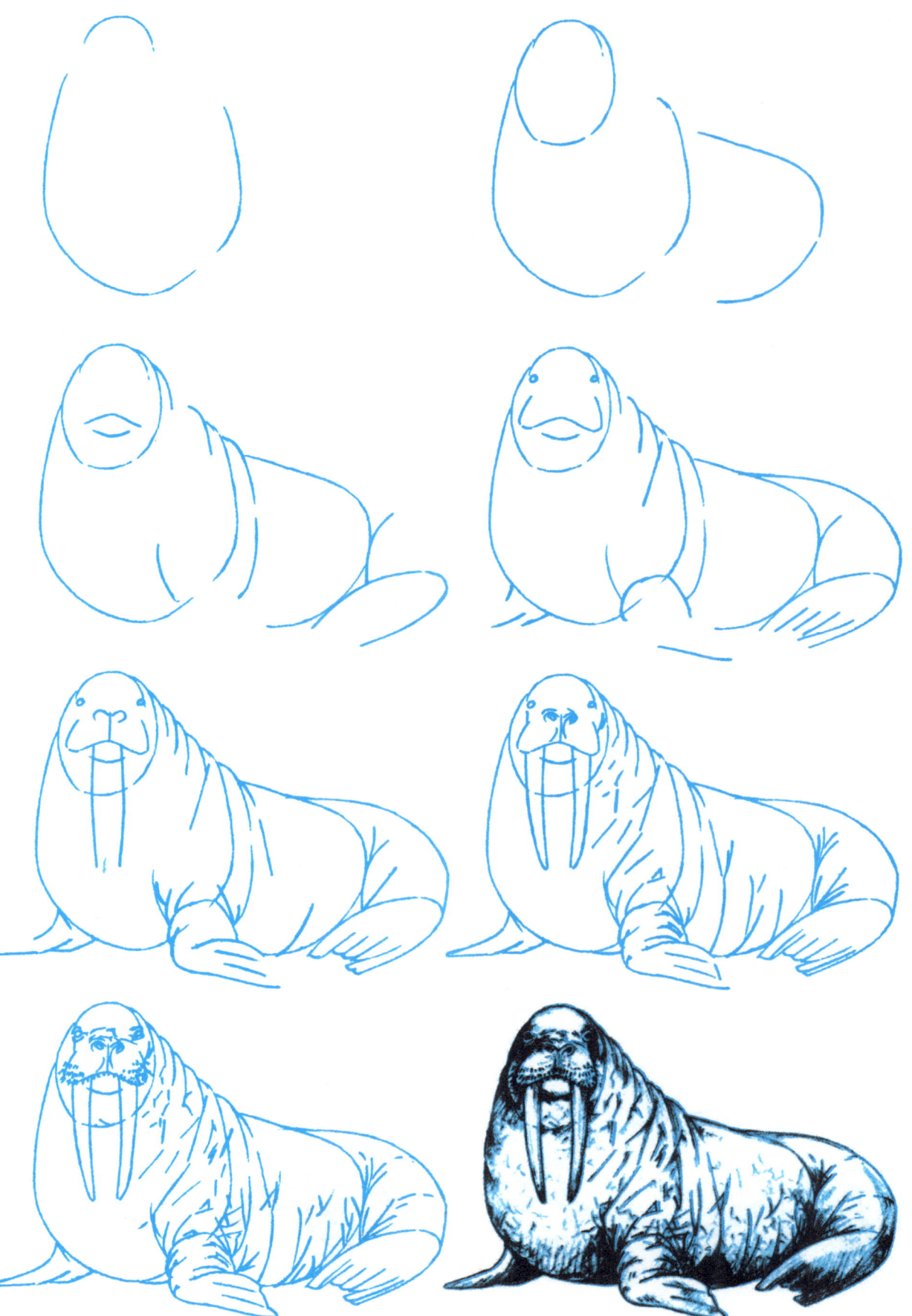

61 Morsa

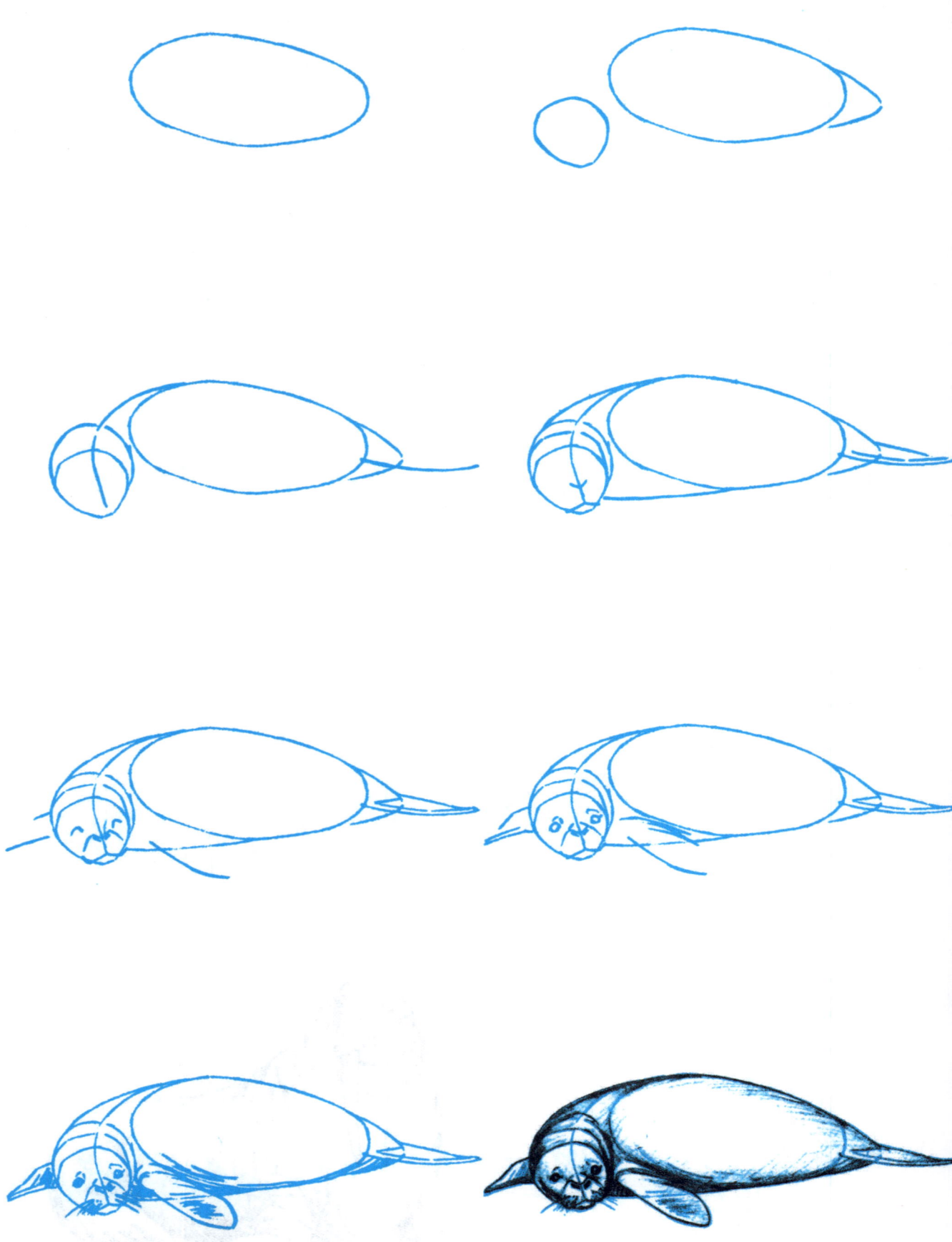

62 Foca

Otros títulos de la colección

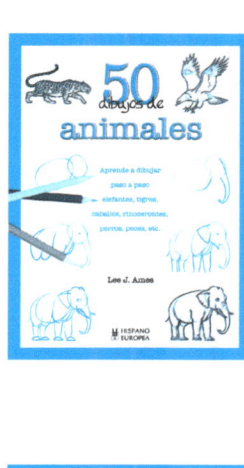

50 dibujos de **animales**

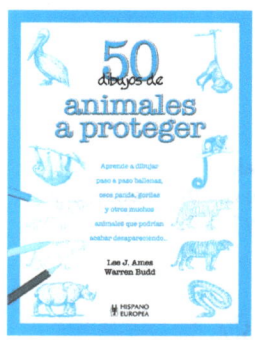

50 dibujos de **animales a proteger**

50 dibujos de **aviones**

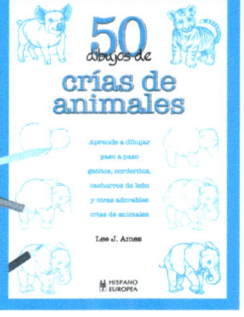

50 dibujos de **crías de animales**

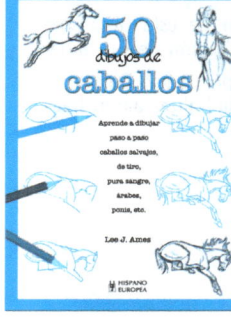

50 dibujos de **caballos**

50 dibujos de **dinosaurios** y otros animales prehistóricos

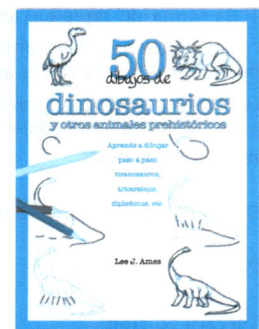

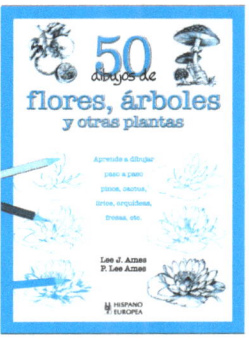

50 dibujos de **flores, árboles** y otras plantas

50 dibujos de **gatos**

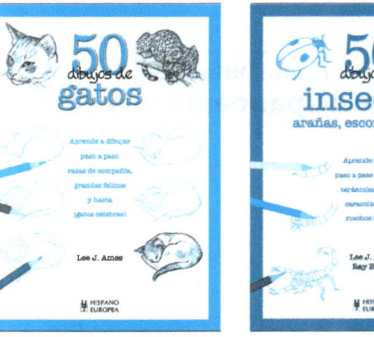

50 dibujos de **insectos** arañas, escorpiones, etc.

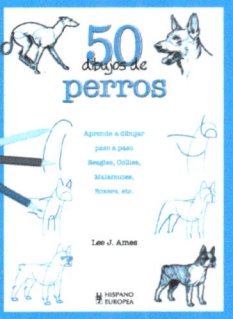

50 dibujos de **perros**

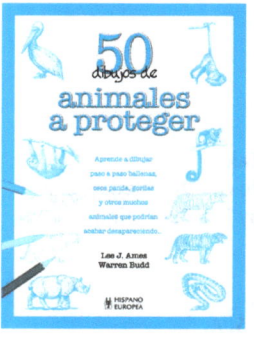

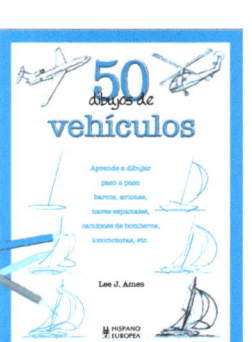

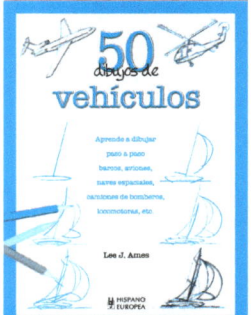

50 dibujos de **vehículos**

Título de la edición original:
**Draw 50 Sharks, Whales
and other Sea Creatures**

Es propiedad,
© **Lee J. Ames** y **Murray D. Zak**
Edición publicada por acuerdo con **Doubleday**, una
división de Bantam Doubleday Dell Publishing
Group, Inc.

© de la edición en castellano,
Editorial Hispano Europea, S. A.

E-mail: hispanoeuropea@hispanoeuropea.com

Depósito Legal: B. 14.574-2013

ISBN: 978-84-255-1793-8

Tercera edición

Consulte nuestra web:
www.hispanoeuropea.com